UN AN

SUR

LES CHEMINS

RÉCITS D'EXCURSIONS

Dans la Sicile, l'Italie, l'Autriche, l'Illyrie, la Grèce, Constantinople et l'Asie Mineure.

PAR LOTTIN DE LAVAL,

Auteur de *Marie de Médicis*, de *Robert le Magnifique*, etc.

PARIS

MASSON ET DUPREY, LIBRAIRES-EDITEURS,

14, RUE HAUTEFEUILLE.

1837.

Agrigente.

—

Au lever du soleil, je fus éveillé par un cicérone qui vint de force s'imposer à moi. J'eus beau protester et lui dire que j'étais recommandé à un savant ecclésiastique de Girgenti qui me conduirait à travers les ruines, ce diable d'importun ne voulut point renoncer à l'appât de quelques taris; il ne bougea pas de ma chambre, étala des médailles sur une table, sortit de sa poche un petit vase de Géla, un couteau à sacrifice tout oxidé, son sale livret de cicérone, et me dit complaisamment avec un sourire presque napolitain :

— Quand son excellence sera vêtue, je ferai servir le café et nous partirons.

Je n'avais rien à répliquer à cet officieux qui me parut fort plaisant; je lui imposai seulement de me conduire à chaque temple, et, lorsqu'il m'aurait instruit du nom, de garder un silence absolu. Cette injonction lui fit ouvrir de grands yeux.

— *Ma eccellenza!...*

— Bon homme, repartis-je, je ne suis pas une excellence; je suis simplement pour vous un étranger.

— *Si signore, ma un nobile giovine come voi è una eccellenza.*

— N'importe, repartis-je impatienté; si je consens à vous prendre pour guide, c'est à la condition expresse que vous vous tairez.

— *Va bene.*

Et nous traversâmes quelques rües en pente rapide de la moderne Girgenti.

Après la ruine de leur antique et somptueuse cité, les Agrigentins abandonnèrent les temples de leurs dieux, et se retirèrent sur le mont Camique, d'un accès très-difficile, où, selon Diodore et Polybe, Dédale, ce merveilleux génie, avait bâti une forteresse pour le roi Cocalus.

L'Agragas, fleuve si célèbre dans l'antiquité, n'est aujourd'hui qu'un faible ruisseau perdu dans le lit profond d'un torrent qui déchire la montagne. En examinant attentivement ces lieux, on voit qu'ils n'ont jamais pu être arrosés par de grandes masses d'eaux; ce qui me fait soupçonner fort les anciens d'avoir eu l'amplification en vénération très-grande, et croire que le beau-père de Robert-Macaire n'est pas une création d'hier.

En me dirigeant vers l'autre fleuve, l'Hypsas aujourd'hui desséché, mon guide me fit remarquer ce fameux col de Minerve (*Rupes Athenea*), à cause d'un temple de Minerve qui y était situé;

nous descendîmes dans la plaine, et nous ne tardâmes guère à arriver dans cette riante enceinte toute couverte de pistachiers, d'oliviers et de caroubiers, où se trouvent les restes des six grands temples.

Ecoutons Polybe dans la description de la ville d'Agrigente aux temps de sa splendeur. — Je la peindrai ensuite à l'heure de sa décadence :

— La ville d'Agrigente surpasse la plupart des autres cités par ses fortifications imposantes et par la magnificence de ses édifices. Comme son éloignement de la mer n'est que de dix-huit stades, elle est abondamment pourvue de tout ce qui fait les délices des villes maritimes. Outre ces avantages, son enceinte est fortifiée par l'art et par la nature ; car ses murailles sont assises sur un rocher qui sert de fondement et que le travail des hommes a rendu inaccessible où il ne l'était pas : deux fleuves coulent sous ces murs ; au midi se trouve l'Agragas, et l'Hypsas vers l'occident d'hiver. Une forte citadelle environnée d'un précipice qui lui sert de fossé se voit à l'Orient d'été et communique avec Agrigente par un chemin étroit. C'est au sommet de cette citadelle que se trouvent les célèbres temples de Minerve et de Jupiter Atabyr, comme chez les Rhodiens. Or Agrigente est une colonie des insulaires de Rhodes, et c'est avec raison que les Agrigentins ont conservé la foi de leurs pères. La ville d'Agrigente est d'une richesse infinie; les statues et les ouvrages d'art y abondent; elle a de beaux temples et de magnifiques galeries; et quant au temple de Jupiter Olympien, quoiqu'il ne soit pas au dedans des plus somptueux, il ne le cède pas néanmoins à aucun de ceux de la Grèce ni par la grandeur ni par la beauté de la conception [1].

Cette description fut peut-être faite sur les lieux mêmes par le célèbre historien des Achéens; car, malgré les malheurs qui ont frappé Agrigente, on peut aisément la reconnaître d'après ce récit. Voici l'aspect de la cité moderne de Girgenti :

[1] Polybe, lib. IX.

Durant une longueur de plusieurs stades, depuis l'angle oriental de l'ancienne ville, où s'élève la colonnade ruinée du temple de Junon-Lacinie, jusqu'à une faible distance du chemin profond qui aboutissait au mont Camique, on retrouve encore ces murs fameux, taillés dans un tuf jonché d'innombrables coquilles; en quelques endroits, la surélévation en maçonnerie n'est pas tellement dégradée qu'on ne puisse juger de son importance passée, ni étudier ces tombeaux creusés dans son épaisseur. Cette partie qui domine la petite plaine située vers la mer forme une ligne droite, et c'est là, sur cette même ligne, que l'on admire les restes de six temples qui purent être égalés en magnificence dans l'Egypte ou dans la Grèce, mais non surpassés. Aujourd'hui, le voyageur instruit s'y inspire sur la splendeur déployée par les anciens, voit combien la gloire des mortels est vaine, comme toutes leurs œuvres sont périssables, et, s'il a quelque raison, il peut retirer pour son avenir des fruits de ses méditations dans ces ruines grandioses et solitaires. Un vaste espace dans lequel ondulent plusieurs petits côteaux se déploie en s'élevant jusqu'au col de Minerve et au Camique, sur lequel brille la blanche Girgenti. Là, quelques cent mille habitans s'agitaient, criaient, délibéraient de la paix et de la guerre : là, on rendait graces aux dieux ; on s'enthousiasmait aux chants sublimes des poètes, aux discours des orateurs ; on admirait les merveilles des grands artistes, et les étrangers avaient la première place aux banquets les plus somptueux. — Aujourd'hui la ville opulente n'est plus, elle a caché sa tête sous son manteau au moment de l'orage, et la foudre, en tombant, l'a dévorée ; ses fleuves poétiques se sont taris : il n'y a plus d'hospitalité noble pour le lointain voyageur ; loin de là, on le regarde d'un air défiant, on le désespère, on le vole ; et quand, des hauteurs du Camique, il cherche la cité de Gélias et d'Empédocles, il ne voit qu'une plaine immense, toute bouleversée, creusée comme une mer aux heures de la tempête ; et là, où furent des palais admirables, surgissent des plans de pistachiers et d'oliviers, et les grands temples élèvent au dessus de ces champs de verdure leurs longues colonnades qui se dessinent comme des géans sur les ondes bleues de la mer africaine.

Je visitai successivement tous les temples depuis celui de Junon-Lacinie jusqu'à cette masure plus rapprochée de la mer et consacrée au dieu de la médecine. Le temple de Junon, situé à l'angle oriental de la ville, est une des plus belles ruines de l'antiquité. Ses colonnades étaient élevées sur un grand stylobate ou soubassement de dix pieds, et l'on arrivait à une petite plate-forme qui précède le portique du temple par un escalier de six marches qui existe encore aujourd'hui. Les colonnes étaient sans base, d'ordre dorique et cannelées, formant un carré long de treize colonnes de profondeur sur six de face. Le côté qui regarde la mer est complètement anéanti; les tronçons se sont écroulés au pied des grandes murailles, mais la colonnade du nord est complète, intacte, et je ne conçois guère le dessin qu'en a donné l'abbé de Saint-Non.

Il n'entre point dans mon cadre rétréci de donner des détails d'architecture; j'indiquerai rapidement cette longue ligne de temples, tous situés au pied des murs d'enceinte et dominant la mer de Grèce, comme si l'orgueil des Agrigentins les eût poussés à faire envie aux peuples qui naviguaient sur cette mer. Si j'ai approfondi leur pensée, ils en furent cruellement punis!

Le temple de la Concorde continue la ligne, et n'est éloigné que de quelques centaines de pas du temple de Junon; il est petit, du même ordre et d'une conservation parfaite. C'est un des plus beaux monumens du monde et qui donne le mieux l'idée de l'élégance de l'antiquité.

Du temple de la Concorde nous suivîmes les anciens murs de la ville, dont il ne reste plus que la partie posée sur la roche même; elle servait de base et de fondation à ces fameuses murailles si élevées, que Virgile fait apercevoir à son héros long-temps, il est vrai, avant qu'elles soient bâties, puisqu'elles ne furent élevées qu'après la bataille d'Hymère, et par les prisonniers carthaginois faits à cette bataille, sous le règne de Théron et lorsque Gélon régnait à Syracuse; temps bien postérieur au voyage d'Enée, mais il voulait peut-être parler du château de Cocalus bâti sur le haut de la montagne où est aujourd'hui Girgenti.

Ces murailles, dans la partie inférieure, sont toutes remplies de sépultures creusées dans le tuf et dans l'épaisseur même du mur, ce qui ne pouvait que les affaiblir considérablement et en amener naturellement la dégradation. L'on ne sait si cet usage et la forme de ces sépultures viennent également des Grecs, ou si l'on doit les attribuer à d'autres temps et à d'autres peuples; mais on les rencontre principalement en Sicile, dans les lieux que les Phéniciens et les Carthaginois ont habités, et notamment à *Solentum*. Nous retrouvâmes sur le mont *Toro*, où campèrent pendant huit mois les Carthaginois, de pareilles sépultures. Elles sont creusées comme des espèces d'auges, l'une sur l'autre dans la muraille, et quelquefois une partie cintrée par-dessus; d'autres sont à pans, ou dans une forme circulaire de quinze pieds de diamètre avec un soupirail à la voûte pour leur donner du jour et de l'air. Ces antiques sépultures, creusées et entaillées sans ordre, sont si près les unes des autres, qu'en beaucoup d'endroits leur séparation n'est pas de deux pouces. Comment pourrait-on penser que les Agrigentins, si recherchés et si magnifiques dans tous leurs monumens, et après avoir élevé les murs de leur ville avec tant de soin et de solidité, eussent eux-mêmes couru les risques de les détruire par des excavations aussi mal entendues et aussi multipliées [1]?

Le temple d'Hercule et le temple des Géans ne sont plus qu'un vaste champ jonché de ruines; mais quelles ruines! C'est dans le premier, aussi superbe en dehors que somptueux au dedans, que l'on voyait cette statue d'Hercule en

[1] L'abbé de Saint-Non.

bronze, ouvrage attribué à Lysippe par quelques-uns, et si parfaite, que le jour où le misérable Verrès donna l'ordre à ses soldats de l'enlever de son piédestal, le peuple d'Agrigente, regardant cette action comme un sacrilége horrible, se souleva en masse, et les citoyens armés chassèrent les soldats du préteur concussionnaire [1].

En quittant ce temple, j'entrai dans celui des Géans, ou de Jupiter-Olympien, dont la statue mutilée, qui n'a pas moins de vingt-cinq pieds de longueur, est couchée au milieu de l'enceinte. C'était le plus grand édifice de l'antiquité. Il avait trois cent quarante pieds de long, cent soixante de large, et cent vingt de hauteur jusqu'à la naissance de la voûte. « Il est, dit Dio-
» dore, le plus grand des temples de la Sicile, et
» on peut le comparer avec les plus vastes et les
» plus magnifiques monumens qui se trouvent
» partout ailleurs. »

[1] *Cicer. in Verrem.*

Je n'ai jamais rien vu d'aussi colossal; les cannelures des colonnes au fût supérieur, au-dessous du chapiteau, ont dix-huit pouces de largeur, et quand on examine le débris de l'unique chapiteau qui est demeuré là, on a peine à concevoir que ces travaux prodigieux aient été exécutés par la main des hommes.

Les autres temples n'ont rien de bien curieux, ce sont quelques débris d'assises de colonnes cannelées; seul, le tombeau de Théron est un assez joli petit édifice doré par le soleil, d'ordre dorique et ionique, aujourd'hui abandonné et vide, grace à un homme éclairé; car, dans le dernier siècle, on l'avait destiné à des colombes.

Je parcourus toutes ces ruines et Girgenti avec une curiosité excessive; sur la place principale de la ville blanche, j'aperçus une haute statue de marbre, et j'avançai rapidement, le cœur tout ému, pensant que les derniers neveux des Agrigentins avaient consacré un souvenir éternel à Zeuxis, à Philinus ou à Diodore. — Hélas! c'était encore la lourde effigie de Francesco I déguisé en empereur romain !...

La cathédrale a pu autrefois être digne de l'attention d'un voyageur ; mais on l'a tant modernisée ; et sa tour gothique est devenue si fruste et si délabrée, qu'il m'est impossible d'en rien dire. L'intérieur est toujours enrichi de ce fameux tombeau de Phintias le tyran, ou de tout autre tyran, le désespoir des antiquaires qui y perdent leur latin et leur grec, — quand ils en possèdent. — Tombeau beaucoup trop vanté, selon moi ; évidemment ébauché par un grand statuaire, mais achevé ou restauré par de misérables ouvriers. Il y a aussi des vases fort beaux; mais tout cela est dit et redit, aussi bien que l'histoire de Phalaris, de ses tyrannies et de son taureau d'airain.

—

Excursion d'Agrigente à san Phelipo d'Argyro.

La saison des récoltes rendait les guides et les mules d'une rareté inouie. Bêtes et gens étaient montés à un taux excessif, encore était-il fort difficile de se procurer une monture passable, tant les moissons avaient tout accaparé. Je me trouvais donc passablement mal à l'aise dans la ville de Phalaris, ne sachant que faire, rassasié, comme je l'étais, des plus beaux restes de temples de la grande Grèce, quand survint le dimanche, ce jour providentiel pour tous, et plus encore pour le pauvre voyageur.

Dès le lever du soleil, une foule immense accourut bruire et crier sous les fenêtres de la *locanda famosa del Gran Leone d'oro*, au moment où les myriades de puces et de punaises m'abandonnaient de guerre lasse et semblaient vouloir me permettre un peu de sommeil : aussitôt cinq ou six tambours succédèrent, ou plutôt couvrirent ces voix confuses, et si bien que l'instant d'après ce fut un tintamarre digne en tout.... de notre gracieuse chambre des députés. Le beau moyen pour endormir un homme! — Je n'eus rien de mieux à faire que de regarder, du haut de mon balcon, cette multitude assemblée; et quoique ces gens-là ne fussent pas des députés, ils ne laissaient pas néanmoins que d'être fort curieux.

Tous avaient le chef couvert d'un bonnet de coton blanc, comme M. Jourdain, ou comme quelque autre honorable en déshabillé, et cette coiffure semble bizarre portée par les petits-fils des Grecs. Un gilet rouge à quadruple rang de boutons en cuivre, une ceinture bleue soutenant un culotte de velours ou de bure, tel est tout leur accoutrement; le cou, la poitrine, les jambes et les pieds sont nus et tout brûlés par le soleil.

Ces paysans, ces montagnards, étaient vraiment curieux à voir autour des tambours, criant, trépignant, hurlant d'aise; plus joyeux, au milieu de ce bruit assourdissant, que des *gens bien nés* à l'Opéra. Presque tous possédaient des figures farouches aux regards sinistres, et beaucoup avaient des traits d'une analogie frappante avec les hardis matelots du grand Archipel. Antonio Ciotta, mon cicérone, vint heurter à ma porte, conduisant un de ces jeunes insulaires au bonnet de coton.

— C'est un homme de la montagne, me dit-il, un brave jeune homme, qui possède d'excellentes mules et qui vous conduira bien.

Je fis des propositions fort dispendieuses à ce

muletier pour qu'il me servît onze jours; mais, n'ayant rien perdu de ce caractère cauteleux des anciens Grecs, il se plaignit de la modicité du prix qui dépassait en verité la valeur réelle de ses mules, revint dix fois à la locanda, et ne voulut conclure le marché que fort avant dans la soirée. Oh! ces races-là, cette écume des volcans est abominable. — La fatalité me poussait; j'écrivis le contrat avec *l'homme de la montagne*, ce qui peut se traduire littéralement par le mot de *brigand*.

Les deux jours que j'avais passés à Agrigente m'avaient fait remarquer par les flâneurs de la sorbetterie, et, le soir du dimanche, un vieil Agrigentin vint savourer sa gelée de roses à la table à laquelle j'étais assis, et profita de ce rapprochement pour engager une conversation. Les Siciliens sont d'une curiosité infinie; c'est encore un reste du caractère des Grecs, bien différens, sous ce point de vue, de leurs voisins de l'Afrique et de l'Orient. Je répondis avec beaucoup d'empressement à ces questions faites avec une grande bienveillance, et au reste j'en fus enchanté; car c'est dans ces sortes de conversation dans la rue et sur les chemins qu'un voyageur découvre souvent les nuances les plus fines et les plus cachées du caractère d'un peuple.

Mon vieux bourgeois, bon homme, mais fort ignorant, semblait singulièrement surpris que j'eusse entrepris seul un si long voyage, et *moltissimo pericoloso.*

— Comment, me disait-il, vous ne faites pas de négoce, l'appât de l'argent ne vous guide point, vous n'êtes ni Anglais, ni Napolitain, et, seulement pour voir des hommes et quelques ruines, vous allez jusqu'au bout de l'Europe! Mais, mon enfant, vous avez donc eu le malheur de perdre vos parens; car il n'est guère probable qu'une mère eût consenti à laisser partir un fils si jeune, seul, sans expérience.

— Je n'ai plus de mère, monsieur; elle mourut quand j'étais tout petit enfant, il y a bientôt vingt ans; et mon père m'est resté, un noble vieillard à cheveux blancs, comme vous.

— Et comment ne vous a-t-il pas retenu? Corps de dieu ! autrefois j'avais aussi un fils, jeune étranger, un fils que je chérissais tendrement. Eh bien! je ne l'aurais pas laissé aller sans moi à Sciacca, tant j'avais peur qu'il ne lui arrivât quelque accident... Hélas ! les Napolitains me l'ont tué dans la guerre de 1820 !

Une larme roula sur les joues ridées du vieillard, et je lui serrai la main avec une grande émotion.

—Si vous vouliez m'en croire, *caro giovinetto*, ajouta-t-il un instant après, vous renonceriez à votre projet de voyager dans l'intérieur de ce pays; la bande de brigands n'est pas anéantie tout entière [1], et l'audace de cette bande en fera

[1] Lorsque j'étais en Sicile, quatorze galériens s'échappèrent du bagne de Palerme ; ils se répandirent dans les montagnes, se procurèrent des armes, s'organisèrent, et devinrent l'effroi du pays. Le vice-roi envoya contre eux quatre cents Napolitains ; à l'approche de ce corps formidable, les bandits, cernés de toutes parts, se retranchèrent dans une métairie où ils tinrent *trois jours entiers*, et ce ne fut qu'après avoir épuisé toutes leurs munitions qu'ils capitulèrent ; mais les rangs des Napolitains étaient décimés, et les onze brigands qui restaient

armer d'autres; croyez-moi, descendez à la marine, et allez par mer à Syracuse où vous trouverez des brigantines pour Malte et pour Athènes, puisque vous voulez absolument y aller.

— Vous voyez que mon manteau gris et mon train de voyageur ne peuvent tenter personne.

— Ils sont si misérables, si dénués de tout et si coquins, qu'ils vous tueraient pour l'appât de quelques onces d'or. Ensuite vous ne trouverez rien à manger, et vous succomberez sous des fatigues horribles.

Mais les timides conseils de ce bon vieillard ne purent me faire changer de détermination, et je le quittai tout peiné, en l'engageant, avec un sourire forcé, de prier pour moi.

semblaient plutôt les triomphateurs que les vaincus; ce qui faisait dire aux Siciliens que leurs compatriotes, tout en méritant la corde, s'étaient battus comme des héros, et les Napolitains, leurs maîtres, comme..... (mais l'épithète eet intraduisible).

L'audace et la bravoure de cette petite bande avaient tellement électrisé les montagnards qu'on craignait la propagande, et les prévisions étaient assez fondées.

Je fis une nouvelle provision de poudre anglaise ; je chargeai mes pistolets en présence de mon guide, et, une heure après la mi-nuit, nous nous enfonçâmes, à l'est-nord, dans une épouvantable gorge de montagnes.

Il y avait bien, de ma part, quelque imprudence, quelque témérité à faire seul une pareille excursion. J'allais me trouver jeté au milieu de peuplades incivilisées, parlant un langage pour moi inintelligible ; j'allais peut-être devenir la proie d'une poignée de coquins... Mais je ne voulus pas songer à toutes ces choses ; je n'écoutai que la voix de ma curiosité insatiable qui me criait : — Marche ! et je marchai assez bravement : je n'eus peur qu'une fois ; mais du moins je n'y laissai pas mon bouclier.

Nous avions quitté Agrigente par *la porte du Pont*, celle qui regarde l'ancien col de Minerve, et, après quelques heures d'une marche difficile dans des montagnes âpres et dépouillées d'arbres, nous arrivâmes à une bourgade appelée *Favara*, située sur le revers d'une colline qui domine une anse dont les eaux, par cette belle matinée, étaient bleues comme le smalt, cette précieuse couleur. Jamais, depuis ce jour, je n'ai revu la mer si délicieuse, si calme et si transparente! sur cette plane surface se dessinait, aux premiers rayons du soleil, un château sarrasin superbe, semblant construit de la veille, tant sa conservation est parfaite. Il est d'une grande élévation; sa forme est quadrangulaire, et ce n'est qu'à soixante pieds du sol qu'il est percé de doubles fenêtres moresques parallèles sur chaque face de l'édifice. Au dessous et au dessus un assez bon nombre de meurtrières ont été pratiquées, et le couronnement de l'édifice en machicoulis qui laisse deviner une terrasse est surmonté d'une petite coupole, aplatie en forme de casque nubien, et d'une espèce d'élégant minaret. — Cet édifice est sans doute fort inconnu, et mérite d'être mentionné, tant il m'a paru curieux.

Le paysage qu'on domine de Favara est un des plus rians de la Sicile méridionale; c'est une large vallée arrosée par une jolie rivière qui serpente souvent au pied de charmantes collines couvertes d'arbres ou de riches moissons; et, dans la plus lointaine perspective, comme de grands nuages perdus, on aperçoit deux échappées de chaînes de montagnes d'un violet pâle qui s'harmonise admirablement avec l'azur foncé du ciel.

Nous prîmes le chemin de Naro, ville d'environ dix mille ames qui n'a plus rien de remarquable, quoiqu'elle ait eu quelque renom dans l'antiquité et que ses médailles soient fort belles. — J'en achetai une d'un pauvre paysan qui cultivait son verger; mais ce que je vis de plus admirable sur cette route, ce furent les jeunes filles d'un misérable village situé dans les terres, dans un pays rude, infécond, appelé *Castro-Felipo*. Cette population est incomparable. On dirait que toutes sont les sœurs de ces Agrigentines si belles, si accomplies que Zeuxis fit *poser* pour son chef-d'œuvre destiné au temple de Junon-Lacinie. — Elles sont toutes dignes de la peinture ou de la statuaire; et si le paganisme n'était aboli, je prierais la chambre des députés de leur voter des couronnes et des atours superbes pour en faire des prêtresses de Vénus.

Après avoir traversé bien des plaines sous un soleil dévorant, examiné sur des cimes de rochers plusieurs ruines de donjons du moyen-âge, nous arrivâmes dans la matinée du second jour à Canigatti, bourgade assez pauvre d'où part un sentier qui mène à Calata-Nisetta.

Nous passâmes trois heures de la plus grande chaleur dans la pauvre locanda de Canigatti; et, comme les églises étaient fort délabrées, les alentours insignifians, je donnai l'ordre du départ, au grand déplaisir de mon muletier et de la *signorina Pepa*, une svelte et belle fille bien nonchalante, bien maniérée, bien langoureuse, la maîtresse de l'hôtellerie, qui trafiquait tant bien que mal... sur ses longs cheveux noirs. Je lui souhaitai fortune et plus de discrétion, car l'impudeur était par trop flagrante; et malgré les cris de mon guide qui voulait dormir, je partis.

Nous avions rencontré dans la matinée un marchand grec qui avait une des plus méchantes figures que j'aie vues de ma vie, et mon drôle de muletier voulait absolument cheminer avec cet homme; de là contestation, querelle. Je voulais marcher seul.

— Mais, s'écria mon homme avec une colère brutale, puisque vous ne nous faites pas escorter par des Campieri, laissez-nous au moins voyager quatre de compagnie; ce pays n'est pas sûr, et.....

— Je ne le veux pas! lui dis-je d'une voix ferme.

Il ne me répondit que par un grognement menaçant, prit les devans dans le sentier, régla l'allure de sa mule et s'y prit si bien que le Grec nous rejoignit à un mille de là. — Déjà le brigand perçait.

Nous traversâmes de longues plaines mal cultivées, et, à quelque distance du sentier, vers l'Orient, j'aperçus un château flanqué d'ailes carrées, qui se dessinait fort nettement sur une chaîne de rocs blancs hérissés, embellis par quelques arbres : au couchant il est environné par une petite forêt, d'un délicieux aspect au milieu de ce paysage désolé qui descend en amphithéâtre jusque dans la plaine. — On appelle ce château Decia ou Delia.

Du sommet d'un monticule, je portai mes regards sur le vaste bassin dans lequel je me trouvais; il est ceint par plusieurs chaînes de montagnes, et sa circonférence n'est pas moindre de quarante milles. Au nord, un triple amphithéâtre volcanique qui masque Calata-Nisetta le domine : à l'Orient, c'est la chaîne de Bara-Franca, le fleuve Salzo le traverse au versant de Decia, et vient se perdre dans la mer, vers le sud, par Ravanusa et Sainte-Catherine à Alicata, l'antique Géla fondée par Antiphème de Rhodes et Euthyme de Crète, huit siècles avant l'ère vulgaire.

Cette immense étendue de pays n'a pas une maison, pas une chaumière, et malgré le silence de désert qui y règne, l'ame se passionne vite pour ces grands horizons violets et blanchâtres inondés de soleil, et les yeux se complaisent dans cette sévérité de lignes toutes nues, mais empreintes d'une poésie touchante et religieuse. C'est avec de tels sites, avec ces champs inféconds et désolés, que le Poussin et Salvator ont fait leurs premiers chefs d'œuvre.

Un soleil affreux nous dévorait: nous cheminâmes long-temps à travers des plateaux de montagnes, dans des vallées marécageuses et mal saines, où paissaient des troupes de cavales et de bœufs à longues cornes qui fuyaient à notre approche. La grande montagne sulfureuse apparut bientôt; des monceaux énormes de pierre d'une couleur gris de perle recouvertes de cristallisations de soufre étaient jetés là sur le bord de la voie: la pénurie du commerce avait fait abandonner l'exploitation de la carrière et la maisonnette de l'entrepreneur. Puis, plus loin, nous traversâmes le cratère d'un volcan éteint, tout couvert de scories blanches comme de vieux ossemens: cela se prolonge à environ un mille, et le pays devint plus riant; quelques arbres apparurent, et, après une heure de course, nous vîmes se dessiner, sur le sommet d'une haute colline qui domine une vallée délicieuse, la jolie ville de Calata-Nisetta [1].

Torremuza croit que cette ville fut bâtie sur les ruines de Nisa, de fondation grecque, ainsi que l'atteste une inscription en cette langue, conservée avec une autre inscription latine dans le château de *Pietra-Rossa*. C'était une colonie romaine; plus tard elle fut saccagée, et les Sarrasins y bâtirent un donjon dont les ruines apparaissent encore menaçantes au-dessus de la belle et fertile vallée.

En 1820, lorsque Palerme se souleva contre Naples pour conquérir son indépendance, Calata-Nisetta refusa de prendre part à la lutte

[1] Sur les cartes, cette ville est toujours désignée sous le nom de Caltanisetta; mais c'est une corruption et une erreur. Elle doit son nom moderne aux Arabes qui y bâtirent un château (*calata* en arabe), et puisque l'on dit Calata-Fimi, Calata-Girone, Calata-Scibetta, je ne vois pas pourquoi on ne rétablirait pas le mot propre.

qui devenait sacrée, puisqu'elle rendait, par le triomphe, la liberté à ces insulaires en les délivrant d'un joug odieux, — le joug des Napolitains! Ni prières, ni menaces, ne purent ébranler la ville des montagnes qui se croyait à l'abri de tout danger. Dans le mois de juillet, les Lermitains, indignés de cette lâcheté, formèrent un corps d'armée composé de bourgeois et de miliciens et se jetèrent sur Calata-Nisetta qu'ils saccagèrent et incendièrent.

Mais depuis cette fatale époque elle s'est relevée, et des ruines fumantes est sortie une charmante petite ville blanche et bien élégante; les églises ne sont remarquables que par les ignobles fresques dont on a sali leurs murailles; les rues, le soir, sont encombrées de flâneurs, les femmes demeurent aux balcons, et la place publique ayant bien mérité de Naples, sa souveraine d'outre-mer, a été gratifiée d'une statue de marbre blanc, l'éternelle statue de Francesco I si lourde toujours, et toujours affublée de la cuirasse romaine et de l'épée grecque, avec des inscriptions qui correspondent à celles des maisons de Girgenti : — VIVA IL REGE, E SUA FAMIGLIA !

On me logea dans un corps-de-garde de cavalerie où se trouvait une chambre ayant lit et fenêtre ; c'était du luxe, quoiqu'il n'y eût point de vitres. Mais en revanche les insectes y pullulaient et la locandière était belle ; il y avait toujours quelque compensation.

La charité chrétienne me prescrit ici de donner un avis aux personnes qui voyageront après moi dans la Sicile ou dans toutes les provinces voisines de l'Orient. Je les engage fortement à se munir d'un sac de toile fine ou de madapolam, et de ne l'oublier jamais ; ce que je me promets aussi pour l'avenir, car je sais toutes les souffrances qu'on peut éprouver à dormir *vingt-neuf jours* enveloppé dans un manteau.

A Calata-Nisetta, j'avais demandé *la bianchèria* (les draps blancs) ; ma locandière m'exposa une foule de raisons captieuses avec tout l'esprit cauteleux d'une Grecque de Lacédémone, et termina sa péroraison en me demandant deux taris au delà de prix convenu, si je tenais vraiment à avoir *la bianc hèria.*

— Va pour deux taris, lui dis-je; mais que le linge soit bien blanc.

Et quand je rentrai pour me mettre au lit, quand j'examinai cette *bianchèria* vantée avec tant de diplomatie, mon cœur se souleva, je reculai avec colère.—Quelque malheureuse femme y avait couché; ils étaient maculés de sang! Malgré ma fatigue et mon état maladif, il me fallut encore reposer cette nuit, qui était la quatorzième, dans mon manteau.

Ces pauvres locandiers n'ont le plus souvent qu'une paire de draps pour chaque lit, et sans cesse dans l'attente d'un ou de plusieurs voyageurs; aussi, par indolence, ils ne les livrent point à l'action de l'eau dans la crainte de refuser à gagner un ou deux taris. Tout cela assombrit singulièrement la poésie des voyages.

Nous nous acheminâmes de très-bonne heure, mon muletier et moi, par le sentier des montagnes, et, pendant un trajet de quinze milles, je n'aperçus pas une maison ni ne rencontrai créature humaine; —jamais je ne fus plus triste. Enfin, vers le milieu du jour, nous atteignîmes une fort belle route sillonnant un pays fertile, et, au détour d'une anfractuosité de rochers de calcaire marneux, je vis blanchir au soleil, sur les pics de deux montagnes élevées, Calata-Scibetta et Castro-Giovanni.

L'aspect de Calata-Scibetta est imposant. Cette ville, assez grande, se dessine en amphithéâtre et domine un vaste horizon de montagnes sauvages et pittoresques. Le fond des vallées est d'une fertilité prodigieuse, et l'œil s'arrête avec un certain effroi sur la masse immense de l'Etna qui fait le fond de ce tableau dans la direction de la Grèce.

Après un repos de quelques heures, nous quittâmes la riante montagne pour en gravir une autre isolée de toutes parts, un grand cône d'un rude accès, dont la couronne est une des plus antiques cités du monde; — c'est Enna, la ville de Cérès. Dans les âges écoulés, quand elle avait une ceinture de murailles flanquées de tours, Enna devait être une importante place militaire. « *Ed isolato da ogni parte fuorchè da due stretti passaggi, onde è inespugnabile come la chiamano Strabone è Livio. E il sito della antica Enna riguardata come l'ombilico della Sicilia* [1]. » Elle soutint de rudes siéges, et l'on retrouve encore les traces du passage de Roger et de ses braves cavaliers normands, quand ils vinrent y massacrer les Sarrasins.

Mais ce sont les derniers souvenirs de cette ville des premiers temps du monde, qui fut habitée par les dieux, où naquirent Cérès et Proserpine, et qui vit se reposer sous ses frais ombrages Minerve et Jupiter, Vénus, Mars et Pluton. Tout ce pays appartient à la grande poésie homérique, à la belle et fabuleuse mythologie : c'est là qu'on célébrait les fameux mystères de Cérès-Éleusine; et les cavernes de

[1] Ferrara *Storia di Sicilia.*

la haute montagne, et les échos des profondes vallées d'alentour, entendirent les premiers gémissemens de la déesse de l'agriculture, quand elle se dirigea vers l'Etna pour y allumer ses torches, afin de chercher sa fille que le dieu des enfers lui avait ravie.

Comme ces traditions merveilleuses des vieux âges nous reportent vers l'antiquité! comme elles nous rappellent avec délices nos années d'enfance, alors que sur les bancs du collége on expliquait les écrits immortels des grands hommes de la Grèce! Voici les lieux qu'ils ont chantés! Homère, Pindare, Daphnis, Théocrite et Diodore ont foulé ces rivages, ont gravi ces montagnes et récité aux mortels les chefs-d'œuvre de leur pensée. J'avoue que je ne songeais pas à tout cela sans éprouver beaucoup de charme.

Des masses d'eaux fraîches et limpides s'échappent des flancs de la montagne vers le sud-ouest et le levant; un chemin creusé dans le roc aboutit à la porte de la ville, et, à quelque distance, une haute tour octogone de l'époque normande domine cette porte et une longue pelouse, à l'extrémité de laquelle apparaît une jolie habitation au milieu de grands arbres. Bientôt après nous nous engouffrâmes dans de petites rues tortueuses où s'agitait une population assez considérable qui suivait mon bucéphale, semblant excessivement curieuse de ma venue dans leur ville si rarement visitée. Quand j'arrivai au fondaco situé dans l'intérieur, j'avais une escorte digne d'un prélat.

Je savais que le célèbre lac de Proserpine était situédans les environs d'Enna; je voulus le voir, et m'assurer s'il était toujours enchanteur comme aux temps où la fille de Cérès allait avec les nymphes ses compagnes se baigner dans ses eaux transparentes. Mon coquin de muletier fit de grandes difficultés, et ma position n'était pas fort rassurante au milieu d'une population misérable, paresseuse et farouche.

Un vallon profond déchire la montagne dans la direction de Piazza, et le pic de Castro-Giovanni le ferme ainsi que le roc nu fait d'une grotte; c'est la même forme. De cette élévation, qui est immense, on découvre de larges horizons, et, à travers les dentelures de plusieurs montagnes, un coin bleuâtre du fameux lac. Ce vallon est de la plus étonnante curiosité pour l'histoire des progrès de l'esprit humain. C'est le point de départ de l'art architectural chez les hommes, et je l'étudiai avec un soin minutieux.

De chaque côté, les parois de la montagne sont creusées, tantôt à triple, à quadruple et quintuple étage, de chambres qui s'avancent quelquefois assez profondément dans le rocher blanc; l'ouverture est ordinairement cintrée, et des piliers grossièrement ébauchés soutiennent ces simulacres d'arcades : d'étroits sentiers aboutissent à ces demeures des anciens Troglodites, ou plutôt des premiers habitans de la terre; et sur le versant de la montagne, des arbustes et une espèce de lilas sauvage à grandes grappes roses, que je n'ai trouvé que là, jettent un peu d'ombre sur ce pays dévoré par le soleil.

Le temple de Cérès-Éleusine, tant vénéré, dominait ce val poétique : mais tout en a été dispersé, jusqu'aux ruines ; et ce n'est pas sans tristesse pour l'imagination qu'on aperçoit au dessus de quelques maisons blanchâtres le clocher normand délabré d'un vieux monastère. Mais tel qu'il est encore, c'est un admirable site qui provoque une rêverie enchanteresse ; c'est la réalité de ces étonnantes gravures anglaises si pleines de féerie, que l'on contemple souvent avec extase pendant plusieurs minutes, et qui vous arrachent ensuite cette exclamation désespérante : — « C'est un chef-d'œuvre, un chef-d'œuvre de convention ! »

On retrouve les mêmes habitations souterraines dans le Val-di-Noto, à Calata-Girone et à Palagonia ; mais celles d'Enna sont les plus antiques, ainsi que j'essaierai de le démontrer plus tard.

Après une course de deux heures dans des montagnes difficiles à gravir, j'arrivai, par une petite plaine médiocrement cultivée et déserte, sur les bords de ce lac qui fut témoin du rapt de Proserpine. Ce souvenir de désolation semble s'y être perpétué d'âge en âge : les côteaux qui l'enserrent sont dépouillés de leurs délicieux ombrages, la prairie de ses tapis de fleurs; deux maisonnettes inhabitées ont remplacé la demeure somptueuse des belles déesses; les vagues s'agitent sans cesse et mugissent comme celles de l'Océan, et ses bords sont infestés de serpens qui déroulent leurs anneaux souples dans ses eaux chaudes et âcres. — Je ne sais pourquoi, mais je m'éloignai de ce lieu tout triste, et je regagnai Castro-Giovanni avec mon aimable muletier, *mon homme de montagnes*.

Le lendemain, je m'acheminai vers Leon-Forte et San-Felipo-d'Argyro, l'ancienne et célèbre Argyre. Leon-Forte est une petite ville toute moderne, bâtie sur le sommet et sur le flanc oriental d'une montagne. La campanille d'un monastère et la lourde masse d'un donjon dominent l'amphithéâtre de maisons qui s'élèvent au milieu d'une assez riche végétation d'arbres. La fertilité immense de ce pays fait que les habitans sont un peu moins misérables que ceux du reste de la Sicile, quoiqu'ils soient bien loin encore de l'opulence de nos paysans des campagnes de France. Ce site délicieux et ces ombrages me firent éprouver un grand charme, moi qui venais de traverser de longues plaines dévorées par le soleil. J'allai voir un fort beau tableau de Moréalèse conservé dans l'église des Capucins, la seule chose digne de l'intérêt du voyageur, et je me mis bientôt en route pour Argyro.

Non loin de Leon-Forte, en se dirigeant vers le sud, on ne tarde pas à découvrir l'antique cité d'Assorus (*Assororum oppidum*). Comme toutes les villes de cette contrée, elle était bâtie au sommet d'une montagne, et l'on y voit encore des débris de portes, de murailles, et les restes d'un château bâti par les Sarrasins, dans la guerre qu'ils eurent à soutenir contre les Normands. — Aujourd'hui c'est un misérable village qui porte le nom d'Azaro.

Je traversai un pays superbe, de toutes parts dominé par de grands horizons de montagnes, et San-Felipo-d'Argyro m'apparut comme Leon-Forte, en amphithéâtre, mais plus dépourvu de maisons, plus misérable d'as pect. Plusieurs églises ont conservé les clochers pointus du nord de la France, grace à nos ancêtres ; et cela n'est pas sans quelque étrangeté, au milieu d'habitations sans toits et blanches, à la manière des Orientaux.

Comme la misère a passé avec un souffle de mort sur cette ville si célèbre, depuis l'époque où Timoléon, après avoir débarrassé la Sicile de ses tyrans, l'embellit et augmenta la population de ses habitans! Que sont devenus ses temples qui faisaient son orgueil? son théâtre, rival de celui de Syracuse? ses tombeaux en forme de pyramides? le palais où naquit Diodore? — Quelques restes d'un château normand, voilà tout ce qui s'offre aux regards.

Le temple d'Hercule et le lac qu'il fit creuser par son gendre Iolaus ont disparu. Seulement on en montre la place, chose au moins fort douteuse.

Tout ce qui reste de ces vieilles histoires, de toutes ces antiques rêveries, c'est l'usage qui s'est conservé parmi les habitans d'Argyro de se couper les cheveux, comme la fable nous rapporte que les anciens Argyriens se les coupèrent pour les sacrifier à Hercule. Si l'on en croit la tradition du pays, ce fut en reconnaissance des soins et des travaux avec lesquels ce héros vint à bout de procurer de l'eau à Argyre, qui en manquait avant lui, en creusant un lac dans les environs de cette ville : effectivement, soit par cette raison, soit pour leur plus grande commodité, les Argyriens modernes se coupent les cheveux à rase de la nuque, et n'en conservent qu'une mèche à chaque tempe. Il serait assez étrange qu'ils eussent conservé cet usage depuis trois mille ans et plus qu'ils en firent le sacrifice [1]. — Cette ville, éloi-

[1] L'abbé de Saint-Non, *Hist. pittoresque du royaume de Naples.*

gnée de tout foyer de civilisation et de tout passage, a sans nul doute conservé cet usage, quoique ses habitans modernes ignorent absolument qu'il remonte au vœu fait à Hercule. Si je dis cela, c'est que la plupart des autres peuples de la Sicile portent les cheveux longs comme les anciens Normands, leurs dominateurs.

A cinq lieues environ d'Argyro, est situé, sur la crête et dans les flancs d'une grande roche de grès, le fameux château de Sperlinga, si célèbre, au temps des Vêpres Siciliennes, par sa résistance héroïque aux ordres barbares des Aragonais. Les trois cents Français, commandés par Philippe de Scalambre, qui y trouvèrent asile, furent cause de la mort des braves Siciliens qui leur avaient donné une si généreuse hospitalité; car, pour eux, ils soutinrent un long et rude siége, et périrent presque tous de faim et de misère. Beaucoup de personnes croient que la langue romane que parlaient nos ancêtres s'est perpétuée à Sperlinga d'âge en âge; mais il n'en est rien: il est vrai que le patois des montagnes de Sicile abonde en mots romans; mais il n'en est pas plus riche vers les monts Nebrodes que sur la côte de Marsalla, ou sur les grèves Mammertines.

J'étais revenu une deuxième fois dans la ville de Cérès [1]: je l'avais vue sous tous ses aspects; j'avais pénétré dans toutes ses rues, visité tous ses monumens, et j'étais loin de retrouver cette splendide Enna si bien décrite par Cicéron.

« Enna est située sur une hauteur dont le sommet, qui domine toutes les collines d'alentour, forme un vaste plateau bien nivelé et rafraîchi par des sources qui ne tarissent jamais. Autour de la ville, qui se montre au loin comme inaccessible et détachée de la montagne, sont des lacs et des bosquets où les fleurs les plus belles se renouvellent dans toutes les saisons. Tout, en ces lieux, semble attester le rapt célèbre que tant de fois on nous a raconté dans notre enfance. On y voit à quelque distance une

[1] Ce nom de Cérès vient de GERESH, mot hébreu qui signifie *blé moulu*.

caverne ouverte vers le nord, et d'une profondeur immense, par où l'on prétend que le dieu des enfers s'enfonça tout-à-coup, monté sur un char pour enlever la jeune déesse qu'il conduisit non loin de Syracuse.... Enna possède le temple non seulement le plus révéré de la Sicile, mais encore de Rome et de la Grèce entière; eh bien! C. Verrès a fait enlever de son temple et de la résidence qu'elle avait choisie cette même Cérès, la plus ancienne et la plus révérée que l'on connaisse, celle qui est la source primitive du culte reçu chez tous les peuples de l'univers. Vous tous qui avez fait le voyage d'Enna, vous avez remarqué, dans deux temples différens, deux statues de marbre, l'une de Cérès et l'autre de Proserpine. Elles sont colossales et fort belles, quoique assez modernes. Il y en avait une autre en bronze, d'une grandeur médiocre, mais d'un travail admirable, représentant Cérès avec des flambeaux. Elle était très-ancienne, la plus ancienne même de toutes celles qui sont dans ce sanctuaire; Verrès s'en est emparé, et cependant ce vol ne l'a pas satisfait. Vis-à-vis le temple, dans une place découverte et très-spacieuse, s'élèvent deux statues, l'une de la déesse et l'autre de Triptolème, également belles et colossales. Leur beauté les mettait en danger; mais, grace à la double difficulté du déplacement et du transport, leur grandeur les sauva. Dans la main droite de Cérès était une Victoire admirablement travaillée. Par ordre de Verrès, elle fut arrachée à la statue et emportée chez lui [1]. »

Hélas! il faut que cet infame Verrès ait eu bien des imitateurs, car on ne trouve plus nul vestige d'art dans la cité célèbre: les églises n'ont d'autre somptuosité que les grilles dorées derrière lesquelles prient ou gémissent les recluses: pas un buste, pas un reste, pas un fragment de statue; tout a disparu. Les bosquets et les fleurs embaumées ne parent plus le flanc de la montagne: quelques arbustes rachitiques y sont même

[1] Cicer. *in Verrem.*

fort rares, et ce n'est que dans le voisinage des fontaines que l'on retrouve ces banderolles rouges de lilas sauvages dont j'ai déjà parlé.

Deux maisons du XIVe siècle, très-belles, ayant portes et fenêtres du gothique le plus délicieux, la cathédrale normande dont l'abside carrée est aussi charmante que curieuse, et les débris de la citadelle située à l'extrémité du plateau vers l'Etna, voilà tout ce qui reste de cette Enna si célèbre, appelée aujourd'hui Castro-Giovanni.

Le jour où je fis cette excursion avait été marqué par un soleil étouffant : nul souffle ne passait dans l'air; les campagnes étaient désertées par les moissonneurs, et la soirée se termina par un orage. J'essaierai ici de décrire le sublime paysage que j'eus sous les yeux durant quelques heures; c'est le plus grandiose et le plus beau que j'aie jamais vu, et j'en ai vu un bon nombre. Ah! comme je regrettais de n'avoir point une parcelle du génie profond du peintre Salvator!

J'étais à la dernière pointe de la montagne, sur les débris de l'antique citadelle d'Enna.

C'était le soir : le soleil se couchait dans de grands nuages de flamme largement semés de taches de carmin et d'encre ; cela formait comme une double auréole surmontée d'une immense nappe jaunâtre fortement colorée. Quelques éclairs sillonnaient cette partie du ciel ; mais la nature était calme : on n'entendait gronder aucun tonnerre. Sous mes pieds j'avais une vallée profonde, admirablement fertile dans la direction du nord, et coupée de serpenteaux blanchâtres qui contrastaient singulièrement avec la verdure de la prairie traversée par une petite rivière, et les rians côteaux d'où la vigne descendait en guirlandes entrelacées aux branchages des mûriers et des ormes. — C'est une route qui tourne dans la montagne et qui aboutit à Palerme par Sperlinga. Cette hauteur prodigieuse, au niveau d'Enna; est surmontée par la ville de Calata-Scibetta qui semble une aire de vautours sur un rocher inaccessible. La chaîne de montagnes continue toute déchirée; et, à de longs espaces, je distinguai dans la même direction et toujours perchées comme des nids d'aigles, les villes de Léon-Forte et de San-Felipo-d'Argyro. Alors le ciel se colora de teintes nouvelles; cette grande nuée jaune se noircit comme si les tourbillons de fumée d'une immense fournaise fussent sortis de ses flancs, et je ne vis plus au dessus du triple amphi théâtre de montagnes qu'une large bande rose sur laquelle se découpaient en noir les aiguilles capricieuses de ces chaînes gigantesques.

C'était merveilleux! — Puis, que de nuances sur les flancs de ces montagnes et dans ces vallées profondes! C'étaient tantôt de larges masses toutes violettes; plus loin, le gris de perle se confondait avec le rouge éclatant, et des espaces jaunes, semblant des jets de feu, glissaient rapidement au milieu de ces couleurs tranchées, comme un ruisseau de lave à l'heure où la nuit commence. — Je portai mes regards vers l'orient. Le ciel était d'un bleu pâle qui formait un grand contraste avec le couchant. C'était une suite infinie de montagnes, de collines, de champs couverts de moissons dorées: le lac de Proserpine apparaissait dans son entonnoir, et semblait surplombé par les hauteurs pelées et grises de Calata-Girone, quoiqu'elles soient bien éloignées.. Vers ma gauche, à l'est, la plus haute chaîne de l'amphithéâtre s'abaissant brusquement dans la direction de l'antique Centorbe ruinée aussi par l'infame Verrès, me laissa voir la plaine de Catane, et, à une distance considérable, l'empereur des volcans, l'Etna, dessinait son incroyable masse cendrée et sa tête blanchie par les neiges au milieu d'une foule de petites montagnes grises, — comme un Léviathan endormi sur les vagues, escorté par une armée de dauphins....

J'étais dans une ivresse infinie. J'avais sous les yeux une des pages les plus grandioses et les plus poétiques que l'homme soit appelé à contempler. Je la voyais sous un aspect admirable, par un coucher de soleil d'une rare splendeur, avec une nuée enflammée par l'orage, et déchirée par d'ardens éclairs. — C'était vraiment sublime! Et tout à coup, à la même heure, au même instant, les cloches des campanilles de Castro-Giovanni, de Calata-Scibetta, de Léon-Forte et de San-Felipo furent mises en branle et sonnèrent *l'Ave-Maria*. Je ne saurais exprimer tout le charme qu'il y avait dans le son de ces cloches qui traversait les vallées profondes, qui, d'une distance de dix ou douze milles, arrivait plein de douceur, comme une harmonie lointaine, avec les fraîches brises du soir, aux dernières lueurs du crépuscule : puis ce fut le tour des pâtres avec leurs chants joyeux qui reconduisaient leurs troupeaux à la métairie, toujours fidèles à la flûte grossière et à la cornemuse mélancolique. Un tonnerre sourd vint mêler sa grande voix aux accords charmans des pasteurs, aux frères de ce beau Daphnis qui chanta ses poésies bucoliques sur les monts *Heræi*, joints à cette longue chaîne que j'ai décrite : mais il se perdit rapidement vers Palerme, et le calme le plus solennel revint; la nuit apparut toute bleue et toute fraîche, et des myriades d'étoiles scintillèrent dans les profondeurs des cieux !

Je restai long-temps à m'enivrer d'un si grand spectacle, abandonnant mon ame à un ardent enthousiasme. Je jetais un regard dans l'histoire des vieux âges, et je regrettais pour Enna, non seulement les beaux temps de la Grèce, mais encore les temps où, devenue colonie romaine, elle envoyait au devant de Cicéron les prêtresses de Cérès, la tête ornée de bandelettes et couronnée de verveine, le supplier, l'interrompre par leurs pleurs, et crier avec tout le peuple et les pontifes : Justice contre les exactions sacriléges de Verrès !

La soirée s'avançait : je devais partir pour Calata-Girone dans la nuit, et je regagnai ma locanda en songeant que la France aussi a ses Verrès ; qu'ils ont leurs galeries de tableaux, de statues, d'objets d'arts ; qu'ils achètent de grands biens dans les plus belles provinces du royaume, et que les plus illustres orateurs de la patrie ne peuvent les traduire au sénat ainsi que le fit Cicéron pour le préteur concussionnaire, car nos Verrès à nous sont plus habiles, ils seraient sapables de traverser l'Alsirat sans tomber, si toutefois il ne se trouvait point à l'extrémité quelque homme courageux qui les forçât à tirer l'épée[1]; car astuce et peur sont leur devise.

Ma joie ne tarda pas à être mêlée de tristesse; je retrouvai mon *homme de montagne* aux prises avec la locandière à propos de quelque misère, et j'eus grand'peine à rétablir la paix au logis; cependant, comme nous devions nous remettre en route à minuit et demi, j'obtins que tout le monde allât se coucher.

A l'heure précise, mon muletier vint heurter à ma porte; je me jetai hors du lit sans défiance et lui ouvris.

— Je viens chercher *la Roba* (la valise), me dit-il, afin de charger les mules.

Et il mit dans son havresac de coutil la valise, les pierres, les fossiles et tout ce que j'avais

[1] L'Alsirat est un pont de la largeur du fil d'une toile d'araignée, sur lequel les Musulmans doivent passer pour arriver au paradis. Il n'y a point d'autre chemin, et la rivière qui coule au dessous est l'enfer.

déjà ramassé dans les montagnes. Cette valise contenait une somme assez considérable en or, un sac de piastres et mes deux lettres de crédit; il mit cela sur ses épaules et descendit aussitôt dans la cour.....

J'achevai de me vêtir, n'ayant nul soupçon; je payai la locandière qui me souhaita un heureux voyage, et j'allai rejoindre mon guide. La cour était déserte : je fus à l'écurie, je la trouvai vide: la porte de la rue était ouverte; je courus, j'appelai, je prêtai l'oreille ; — mon misérable était parti !..

On peut se figurer ma situation et tout ce qu'elle avait d'horrible ! Je me trouvais là, seul, avec quelques taris, au milieu de la Sicile (*Umbilicus Siciliæ*), dans un pays de barbares, entendant à peine leur jargon et ne pouvant me faire comprendre, moi, qu'avec l'argent à la main. J'allais être à leur merci, obligé d'implorer leur hospitalité; car je n'avais plus rien, rien! Oh ! j'eus une heure d'angoisses affreuses !

Après avoir crié quelques instans par les rues

tortueuses d'Enna, je revins au fondaco; je fis se relever l'hôtesse et ses camerières: je leur peignis ma détresse avec l'éloquence du désespoir, et si bien, que les deux filles consentirent à me suivre: l'une prit seule un des sentiers de la montagne, l'autre me guida. Nous marchâmes par le chemin du lac; je mis l'oreille à terre, et, comme les nuits la terre est sonore, j'entendis le bruit d'une marche de chevaux: — j'avançai rapidement; des voix arrivèrent jusqu'à moi, j'écoutai, respirant à peine; et quelle ne fut pas ma joie quand j'eus reconnu celle de mon muletier... Je partis comme un trait, me souciant alors fort peu de la pauvre fille: Jamais je n'avais franchi l'espace avec une telle rapidité; c'est qu'il y allait de ma vie peut-être; c'était ma fortune d'une année de voyage, et ces circonstances sont bien de nature à retremper l'énergie naturelle ou à en donner à celui qui n'en a pas.

La lune brillait de tout son éclat; j'aperçus bientôt une suite de mules qui commençaient à gravir une colline ferrée et trois hommes. Je ne fis aucune réflexion ; mais je me reposai quelques instans, j'armai un de mes pistolets et de l'autre main je saisis mon poignard.

— Eh bien ! m'écriai-je en arrivant auprès de mon coquin, il me semble que tu prenais les devans d'un peu loin.

Il fut surpris mais ne se déconcerta nullement, et me dit avec un grand sang-froid qu'il croyait que je venais....

Il s'était adjoint deux autres muletiers qui me regardaient d'une manière étrange, et j'avoue que je n'étais que médiocrement rassuré de me trouver un pareil cortége au milieu de la nuit. — Je lui dis que j'avais changé d'avis, que ma présence était nécessaire encore à Castro-Giovanni pour quelques heures, et que nous ferions halte à Piazza et non à Calata-Girone qui se trouvait beaucoup plus loin. Mais ce misérable, devinant sans doute mes secrètes intentions, ne voulut pas rebrousser chemin, et les promesses les plus extraordinaires et le dévouement le plus grand me furent prodigués. Il me fallut tout accepter et continuer la route. — Mon étoile cette fois devait être singulièrement pâle, en admettant toutefois que j'aie une étoile.

Le jour commençait à poindre quand nous arrivâmes au lac désert, si mesquinement et si mal dessiné par les artistes de l'abbé de Saint-Non. Je ne pus le contempler une dernière fois sans une profonde mélancolie : ses eaux s'agitaient mollement, et à chaque instant il me semblait que j'allais voir surgir de sa surface quelque apparition extraordinaire, tant les féeries merveilleuses de la fable ont d'influence sur mon imagination. — J'étais resté par prudence à l'arrière de notre caravane qui défilait lentement et avec peine le long d'une gorge aride et solitaire. — Nulle parole n'était prononcée, et mon voleur sifflait quelquefois pour se donner un air d'assurance.

La marche fut longue et peu digne de remarque, sinon que cette partie de la Sicile est fort arrosée par de jolies petites rivières. Nous avions mis beaucoup de temps à gravir un amphithéâtre de montagnes, et nous étions près d'atteindre le plateau de la dernière, quand j'aperçus à terre une huître énorme du genre de l'*etherio plumbea :* cela me surprit de faire une pareille trouvaille en un lieu si désert et dans de hautes montagnes, à plusieurs journées de la mer d'Afrique qui n'est guère féconde en huîtres ; je sautai à terre, et reconnus que c'était un fossile. — Le terrain était sablonneux, et, en gravissant la montagne, j'avais trouvé des calcaires fort durs à quelques centaines de pieds au dessous. J'examinai avec une grande curiosité cette lande inhabitée, et je trouvai bientôt un énorme banc de ces mêmes coquilles ; j'en choisis une qui était très-lourde et sonnait sous le marteau comme un morceau de fer. Un peu plus loin je trouvai un seul *cyclostoma costatum* et le *cyclostoma croceum* de la Martinique de Plée. Ce long coquillage y était en abondance, et je l'ai retrouvé sur le mont Calogero et près d'Agrigente. Je m'écartai du sentier, et je trouvai aussi la charmante nasse (*gemmulata*), de

Dussumier et un seul *buccinium* (le buccin ondé de Terre-Neuve), mais d'une grosseur et d'une beauté peu communes : j'étais enchanté de cette découverte, qui vient fortement à l'appui des observations du commandeur Dolomieu et de l'abbé Spallanzani, à propos des volcans sous-marins.

Vers le milieu du jour, nous arrivâmes dans une petite ville d'un aspect charmant, bâtie sur le pic et les flancs d'une colline baignée par une jolie rivière bordée de hauts platanes ; elle est entourée de murailles faibles, mais qui peuvent la mettre à l'abri d'un coup de main de maraudeurs : on la nomme Piazza. C'est, je crois, le siége d'un évêque et d'une juridiction. J'y restai deux heures et je n'y trouvai que des habitans farouches, sauvages, qui s'agitaient sur la place publique et dans les rues (car c'était jour de foire), cherchant mutuellement à se tromper. La cathédrale est seule digne de quelque attention : c'est un grand édifice modernisé ; mais le haut portail normand, des derniers temps de leur domination, peut-être même de celle des Suèves, n'est pas sans mérite, et sa sévérité plaît au milieu de cette foule de campanilles des élèves dégénérés du Palladio.

Là, je fus témoin d'une cérémonie qui me parut aussi étrange qu'elle me causa d'impression. Depuis quelques instans les cloches de plusieurs églises tintaient le son funèbre; la multitude accourait sous les avenues de platanes qui masquent la porte espagnole; toutes les physionomies étaient empreintes d'une extrême curiosité; j'approchai, et bientôt je vis s'avancer un cortége d'hommes vêtus de rouge, et de prêtres portant de gros cierges allumés et chantant les hymnes de la mort. Derrière eux marchaient quatre hommes vêtus de noir, portant sur leurs épaules une civière recouverte d'un drap de damas rouge, sur laquelle reposait le cadavre d'un vieillard. Cette apparition si soudaine me fit peur; la bouche de cet homme était horriblement contractée, sa face ridée était couleur d'ivoire enfumé, et, quoiqu'il fût vêtu de ses habits les plus somptueux, selon l'usage, ce n'en était pas moins une chose hideuse à voir.

A la suite du cortége marchait la foule des parens, des amis, et une suite de femmes enveloppées de leurs mantes mauresques. Elles sanglottaient, et je demandai si c'étaient des pleureuses, comme on en payait à Rome dans l'antiquité; mais cette question, faite par un étranger dans un pays barbare et superstitieux, parut probablement cacher quelque dessein mauvais, car on me regarda de travers, et je vis qu'il était prudent de ne pas pousser la curiosité plus loin.

C'est la coutume du pays; je ne sais si elle est générale en Sicile, mais j'ai vu le convoi d'une belle jeune femme, à Syracuse, portée aussi vers la Nécropolis le visage découvert, les mains jointes, et parée de ses atours de fête; on eût dit d'un ange endormi, tant il y avait de calme et de grace dans les traits inanimés de cette charmante femme. J'ai aussi été témoin d'un pareil service funèbre, la nuit, à la lueur des torches; et la vue de cette grande figure blanche, sur laquelle passaient à chaque instant les lueurs rouges des lumières, offrait un spectacle aussi effrayant que solennel ! — J'ai pensé que si on livrait ainsi sans cercueil le cadavre des hommes à la terre, c'est que la Sicile est complètement dépouillée de bois, quoiqu'un grand nombre de voyageurs la dotent à profusion de forêts immenses ; mais ces faiseurs de voyages l'ont vue, comme M. de Buffon, de leur cabinet.

Je quittai Piazza par un soleil de trente degrés, et ma caravane s'engagea dans un chemin ferré avec des coquillages fossiles de la plus grande variété ; ils étaient en si grand nombre, qu'une heure aurait suffi au naturaliste le plus glouton pour s'en former un cabinet splendide.

Nous arrivâmes bientôt à l'extrémité d'une vallée superbe ornée d'arbres fort beaux, mais en petite quantité ; la rivière de Piazza coulait au bas et traversait le chemin : puis là commencèrent les montagnes et les plaines désertes.

Toute cette étendue de pays est inculte ; des torrens viennent du côté de Mazzarino, d'où la famille de Mazarin était originaire, et se réunissent bientôt au fleuve Maroglio, après avoir longtemps coulé dans des fondrières épouvantables; l'aspect est toujours le même jusqu'aux grandes montagnes blanches qui précèdent Calata-Girone : — de longues landes, un pays escarpé, difficile et désert. Nous étions alors à une distance considérable des habitations; trois ou quatre heures s'étaient écoulées depuis notre départ de Piazza, et je ne remarquai pas sans quelqne anxiété l'air mystérieux et sombre de mon guide puis il s'approcha d'un des muletiers, et se pen chant sur sa mulle, échangea quelques mots à voix basse avec cet homme.

Nous descendions alors un sentier qui domine le torrent : au bas c'est une gorge affreuse, et un marécage couvert de grands roseaux. Le soleil nous dévorait, et tous ces grands horizons n'avaient pas un arbre pour donner un peu d'ombre. Tout à coup mon homme de montagne arrêta sa mule et me dit d'une voix pleine d'audace :

— Je ne veux plus marcher, il faut nous arrêter ici.

—Pourquoi cette halte dans un lieu si désert, et sans un abri par ce soleil ardent ?

— Parce que je le veux. D'ailleurs vous fatiguez mes pauvres mules : je ne veux aller qu'au pas. *Piano, piano*!

— Crois-tu que je te paie si cher pour que tes mules se reposent, mauvais drôle ?

— Vous me payez, c'est bien, mais je vous dis que mes mules sont lasses ; et tenez, regardez-les, étranger, vous voyez bien qu'elles baissent les oreilles ; — nous resterons ici jusqu'au coucher du soleil.

Nous eûmes une altercation violente, et je consentis à marcher au pas mais à la condition expresse de partir sur l'heure et de changer de mule ; je montai sur celle qui portait ma valise après de grandes difficultés.

Ces trois hommes avaient des figures sinistres ; ils échangeaient à chaque instant des regards expressifs qui m'inquiétaient, et ma position au milieu d'eux, dans ce pays désert, était passablement critique. Mon guide formait l'avant-garde dans le sentier, afin de régler le pas des autres mules, terriblement fidèles à leur chef de file : cela me lassa, et je m'écriai avec une grande autorité :

—Dis donc, homme de montagne, dans mon pays les serviteurs marchent à la suite de ceux qui les paient ; je ne veux pas que tu restes plus long-temps devant moi !

Il me lança un coup d'œil menaçant, et obéit.

Aussitôt, pour me soustraire au danger qui me semblait inévitable, je lui dis en piquant ma mule avec force : — Tu me trouveras à la meilleure locande de Calata-Girone : ne te gêne point maintenant ; va, si tu veux, *al paso*.—Et je partis avec une grande vitesse.

Mais les mules ne galopent pas avec l'ardeur des chevaux ; la mienne se ralentit vite, et je ne savais pas l'exciter comme ces montagnards qui, furieux, accoururent à bride lâchée ; et mon guide, ayant les devans, broncha dans le sentier, au risque de rouler avec moi dans les fondrières, et, tournant sa mule, vint saisir la bride de la mienne, en s'écriant, les dents serrées et avec rage :

— Vous n'irez pas plus loin !

Les deux autres arrivaient ; je lui assênai un rude coup de canne sur la main, qui lui fit lâcher prise et prononcer une parole que je ne compris pas : puis, voyant ses deux dignes camarades à dix pas, il se recula, sortit de dessous sa chemise un long couteau-poignard de Sciacca, et revint sur moi en s'écriant avec fureur :

— *Voi sietè le più birbante di l'Inghilterra !*

Aussitôt je fus entouré à distance par ces trois bandits armés de couteaux : j'eus peur un instant ; mais il fut si rapide, que j'eus le bonheur de conserver tout mon sang-froid. Je saisis de mes deux mains la bride de la mule avec force, et, lui coupant la bouche avec le mors, cette bête se cabra ; je la fis reculer, et je me trouvai en face de mes trois coquins. Alors saisissant mes pistolets, je marchai sur eux en les armant, et, leur parlant avec énergie, je les fis rengaîner leurs couteaux, mais non sans avoir administré encore fort vigoureusement deux coups de canne à mon guide qui se hâtait moins que les deux autres. Je les fis marcher ensuite le pistolet au poing, et j'oubliai l'orgueil des préséances pour ne penser qu'à ma sûreté. Prudemment je formai l'arrière-garde.

Dans ces sortes d'excursions solitaires je ne peux trop recommander aux voyageurs de porter des armes à feu. Des pistolets font une peur extrême à ces insulaires, tandis qu'ils se rient d'un poignard. Ce n'est pas pour les voleurs de grand chemin qu'on doit ainsi se précautionner, car les voleurs de grand chemin sont rares; mais cependant il ne faut pas en nier l'existence comme certains le font, et entre autres un Anglais qui partit de Messine pour Céfalû quelque temps avant moi : il fut assassiné près de Patti. — Mais souvent les plus dangereux voleurs sont vos guides ; et plus d'un jaloux n'a pas lancé son stylet à un étranger, dans la crainte de manquer son coup et d'avoir le crâne brisé par une balle de pistolet.

J'ai beaucoup ri de cette aventure depuis le jour qui faillit me devenir si funeste, mais je ne dirais pas la vérité si j'affirmais que là, dans la fondrière, en présence de ces trois hommes dangereux, je n'eus pas un instant d'effroi. — Je n'aurais, je crois, aucun sentiment de crainte sur un champ de bataille, au milieu du carnage, et je serais fortement agité en présence d'un seul homme armé d'un poignard.

Nous gravîmes lentement une haute et rude montagne, et de là je découvris une immense plaine, très fertile, qui part d'Alicata, l'ancienne Gela, et se creuse comme un golfe jusqu'au cap de Scalambre.

Je vis se dessiner les tours de Terra-Nuova, petit port bâti sur les ruines de Callipolis, et après avoir longuement admiré ce beau Val-di-Noto, j'entrai dans la masse de montagnes qui domine Calata-Girone. Là, les deux amis de mon guide s'engouffrèrent dans un sentier et ne reparurent plus ; quant à ce dernier, il se radoucit beaucoup, craignant *l'homme de justice*, et nous arrivâmes à Calata-Girone, ville qui se donne pour avoir été bâtie la première après le déluge, ce qui n'est pas une mince prétention à l'antiquité.

Les *Itinerateurs* vantent extrêmement les restes d'une vieille forteresse grecque : je me laissai séduire par la page élogieuse, et je trouvai un méchant pan de mur au sommet d'une haute éminence; — reste délabré d'une tour sarrasine probablement démolie dans les guerres des Normands.

Calata-Girone est une grande ville peuplée d'environ 25,000 habitans et située dans une position délicieuse : elle est adossée à deux hautes montagnes et domine plusieurs vallées fort belles, fort variées, où l'on remarque bon nombre de pins parasols. C'est un paysage éblouissant de couleur, avec lequel Roqueplan ferait un chef-d'œuvre. Je n'ai jamais vu tant d'églises en proportion d'une population si restreinte ; et la piété y est si grande, que nuit et jour les cloches carillonnent et appellent les fidèles à la prière.

Les hauts quartiers de la ville sont rongés par la misère : ce ne sont que des masures sans cheminées et sans fenêtres ; la populace y grouille comme des vers dans des immondices, et les femmes y étalent sans pudeur aucune toutes leurs nudités. Il y a de quoi faire reculer le plus intrépide.

J'étais là un jour de foire et de fête, et j'assistai à une course de chevaux lancés sans frein, comme ces spectacles du Corso à Rome, au temps du carnaval. C'était vraiment curieux à voir, en ce que toute cette multitude immense, au visage noirci par le soleil, aux longs cheveux flottans, avait pour coiffure le bonnet de coton blanc comme les paysans d'Agrigente.

Quand je rentrai en ville, il faisait nuit noire, et je fus tout étonné de trouver la place publique illuminée, et d'y voir affluer les paysans en poussant de grands cris : une centaine de mules y arrivèrent toutes chargées de denrées ou d'étoffes, et la foire commença aux flambeaux : — c'est la coutume de ce pays. A minuit, marchands et acquéreurs se retirèrent; la place redevint déserte, et je n'entendis plus que d'instant en instant quelque joyeux musicien qui allait donner une sérénade à sa maîtresse.

Deux heures avant le lever du soleil, je partis pour Minéo avec un nouveau muletier, un brave homme, ayant laissé prudemment mon Agrigentin former d'autres projets sur moi avec ses trois grands frères de Calata-Girone dont il m'avait légèrement menacé.

Le soleil apparut immense et couleur de sang au dessus des larges flancs de l'Etna, que, pour la première fois, je voyais à une distance moins considérable. Quel imposant spectacle! Je marchais au milieu d'une vallée longue de quinze à vingt milles, extrêmement belle et riante, enserrée dans des montagnes que dominait au levant le volcan terrible; vers le sud, la jolie ville de Minéo apparaissait bâtie sur deux crêtes de la chaîne qui surplombe la vallée; au couchant, Calata-Girone se voyait encore toute blanche aux premiers feux du jour; et au milieu de la plaine, à peine à un mille, j'aperçus deux monticules isolés, factices, de forme longue, et qui ont dû servir de sépulture aux Grecs dans la retraite de Nicias, ou aux Carthaginois lors des sanglantes guerres puniques.

De Minéo, qui n'a plus aucun vestige des anciennes constructions crétoises, je redescendis vers la gauche dans la plaine, et je me rendis au lac de Naphte, célèbre dans l'antiquité par sa consécration à la nymphe Talie, et nommé Palica. Ce lac est excessivement curieux en ce qu'il offre sans cesse aux yeux le phénomène de plusieurs jets d'eau grands et petits qui produisent un léger brouillard. Ces jets d'eau étaient appelés *Deli* par les Grecs. On ne peut guère les attribuer qu'au gaz acide carbonique qui occasionne une forte fermentation. La surface du lac est couverte de pétrole, et l'air, à l'entour, est infecté d'une odeur bitumineuse. Je m'éloignai de ce petit lac, en souriant beaucoup aux histoires de sorcières que me racontait mon bon guide, et, donnant un souvenir à cette splendide cité de Palica dont je n'aperçus que quelques restes d'escaliers taillés dans le roc, nous nous dirigeâmes sur Palagonia.

Une petite rivière ombragée de caroubiers et de cyprès, une vallée charmante et des plaines fertiles précèdent la misérable ville de Palagonia; — de belles tombes sculptées dans une église. — Je retrouve la vieille cité creusée dans la montagne blanche. On dirait qu'alors les hommes étaient déjà plus industrieux, plus avancés que ceux d'Enna. Là, chaque grotte a son entrée plus arrondie, mieux taillée, et des trous, percés symétriquement au dessus, servirent sans doute à les orner avant que l'homme n'eût entrepris de tailler la pierre, le marbre ou le bois.

Ce pays est si misérable qu'on me servit un excellent déjeûner pour un taris (neuf sous de France). Il est vrai qu'on me fit payer le double pour la chambre où on me l'avait servi, et, malgré cela, ce n'était pas encore ruineux.

Je me dirigeai par des montagnes fort tristes, couvertes de pierres noires et calcinées; je traversai un cratère éteint, et à quelque distance je trouvai de très-grands coquillages fossiles, la pinne pectinée (*pinna pectinata*), et j'aperçus bientôt à l'extrémité d'une immense plaine la blanche Lentini qui se mirait dans les eaux bleues de son lac.

Hélas ! qu'il y a loin de la moderne Lentini à cette *Leontium* superbe, si riche et tant vantée! Qu'est devenue la cité qui résista si courageusement à Verrès? — Où sont ces portiques couverts de peintures et ces palais de marbre? Tout a disparu ! La grandeur et la somptuosité sont mortes. Mais ce que les hommes et le temps n'ont pu ravir à Leontium, c'est son aspect enchanteur, la vue magique des *campi lestrigoni*, de ces champs des premiers cultivateurs, que baignent les eaux du grand lac, et, au dessus de tout, sa population féminine, la perle des beautés de l'Orient! Quelles femmes! toutes, ou presque toutes, sont accortes, belles, gracieuses, enchanteresses; taille élégante, profil greco-sarrasin, carnation veloutée et transparente; des yeux noirs et brillans d'amour, une bouche toujours rieuse et pleine de perles, et des épaules! et des seins découverts qui sembleraient du marbre si la passion et le frémissement ne venaient parfois en agiter les contours! — Certes, personne ne s'avise d'avoir à Lentini la prudence de Tartufe, et pour cause... D'ailleurs il faudrait ne pas mettre le nez à la fenêtre ou faire ample provision de mouchoirs: mais là, nul n'y songe, et le rare voyageur moins que tout autre; car il doit s'estimer bien heureux d'admirer tant de charmes, ailleurs si coquettement et si mystérieusement voilés.

Des voyageurs, et même les Messinois, s'effraient beaucoup du climat fiévreux de Lentini; mais, en voyant cette population magnifique s'agiter dans les rues et chanter sur la jolie place publique, le jour et la nuit, on doit crier à la calomnie.

La petite ville n'est pas dépourvue d'élégance; les rues sont droites, assez larges et bordées de maisons, ayant balcons à l'espagnole: comme les habitans dorment aux heures les plus chaudes du jour, ces balcons, la nuit, sont le lieu des causeries, tandis que les jeunes cavaliers se réunissent sur la grande place pour y donner de délicieux concerts.

Lentini, ou mieux *Leontium*, fut fondée cinq ans après Syracuse, selon Thucydide; mais son origine est complètement inconnue, puisque le même historien dit que les Chalcydiens de l'Eubée en chassèrent les premiers habitans, ce qui supposerait une fondation antérieure. Quoi qu'il en soit, Lentini est très-fière de son antiquité, et ne montre pas sans orgueil le fameux antre creusé par les Cyclopes, les grottes de la cité primitive, le château grec de Briccinnia et les vestiges de Xuthia, séjour du fils d'Éole. Toutes ces choses peuvent avoir quelque valeur assurément; mais je les sacrifierais volontiers à une *crucifixion* peinte par Jacopo Robusta, au couvent des capucins, digne de P. Véronèse pour les figures, mais enrichie d'une triste perspective et d'arbres pitoyables, — et aux gracieuses filles de *la città*.

Je ne parle point de Carlentini qui ne signifie rien, et j'enfourche, à une heure du matin, mon modeste bucéphale qui vaut cependant mieux que celui de Bartholo avant l'emplâtre du malin barbier, et me voilà parti pour Syracuse.

J'allais bientôt voir celle qui fut la reine des grandes cités du monde, cette colonie grecque qui devint le gouffre où périt Athènes, et qui plus tard devait périr par les armes des Romains. Il est probable que je ne pensais guère à ces grandes choses, car je m'endormis sur ma mule dans un chemin creux, et il fallut toute la force d'une chute de dix pieds dans un ravin pour me faire rouvrir les yeux. J'ai compris alors qu'un soldat courageux pouvait s'endormir à son poste, en présence de l'ennemi et quand la mort planait à ses côtés. Je risquais de rouler dans des précipices de deux cents pieds de profondeur, de me briser la tête ou de me rompre les membres sur les rochers ; je le savais, et je ne pouvais résister au sommeil : la marche était inutile ; et, après plusieurs chutes assez rudes, mon bon guide Pascal chemina à côté de moi me soutenant endormi sur ma monture. — Il y avait vingt-six jours que je n'avais goûté une heure de sommeil passable et que je n'avais quitté complètement mes habits !

Je ne peux que copier ici une des pages les plus gracieuses de M. de Forbin, car c'est le tableau exact du pays que je parcourais. « Nous nous acheminâmes vers Syracuse par des chemins difficiles, mais de l'aspect le plus varié. Je recommande surtout aux peintres une vallée plus poétique que celle de Tempé, plus riante qu'aucun site de l'Arcadie ou de la riche Thessalie. De grands arbres couvrent les bords d'une rivière fraîche et transparente qui coule au fond de ce vallon. Le fleuve isole parfois quelques uns de ces arbres, et les îles, abritées par des masses énormes de rochers, semblent être l'heureux domaine des bergers de Théocrite. La vigne sauvage traverse la vallée et forme des ponts ornés de scolopendres, de lianes, de cloches couleur de rose, qui descendent en festons de plus de cent pieds de haut jusqu'à la rivière. Toute cette contrée rappelle à chaque pas ces vers du plus grand peintre de la nature :

Hic gelidi fontes, hic mollia prata, Lycori;
Hic nemus : hic ipso tecum consumerer ævo.
(VIRG. Eclog.)

On retrouve le rivage de la mer assez près du port d'Augusta, petite ville tristement célèbre par la cruauté avec laquelle ses habitans massacrèrent l'équipage d'une frégate française à l'époque de l'expédition d'Egypte. La tempête avait poussé nos malheureux compatriotes sur cette terre inhospitalière ; il n'en revint pas un seul.

Des vestiges d'un petit port taillé dans le roc

et des travaux qui annonçaient la main des hommes me firent connaître que je marchais sur le sol où Syracuse avait été bâtie.

Nous cheminâmes environ deux heures dans l'enceinte où fut autrefois la plus grande ville du monde; la voie était tantôt pavée de larges dalles, et tantôt on voyait dans le roc nu des ornières creusées par les anciens chars : à droite et à gauche c'étaient de longues files de pierres, mais pas de ruines. Comme la ville était bâtie sur le rocher à sec, le temps et les barbares ont tout déblayé. Des carrières, des tombeaux, un amphithéâtre, voilà ce qui s'offre d'abord sur les côtés de la voie; puis on découvre au loin, avancée dans la mer, la moderne Syracuse qui n'est plus que l'île d'Ortygie, entourée de hautes murailles que surmontent des bastions et des campanilles.

Thucydide et Cicéron ont admirablement écrit l'histoire antique de Syracuse; Dorville, Ferrara, Saint-Non et M. de Forbin en ont parlé longuement : je ne pourrais que répéter ce qu'ils ont écrit, et mon cadre est trop rétréci pour que je ne renvoie pas le public à ces auteurs spéciaux. Je dirai sommairement ce qui m'a paru le plus digne d'attention. — Cinq portes garnies de ponts-levis et des chaussées jetées dans la mer protégent la moderne Syracuse, devenue une forteresse redoutable. Sous les murailles, au couchant, quelques spéronares et deux ou trois brigantines maltaises gisent à l'ancre, silencieusement, dans cet immense port qui vit la ruine des flottes athéniennes et de l'armée de Nicias. — De l'autre côté de ce port, à gauche de l'Epipole, je vois les deux colonnes isolées du temple de Jupiter-Olympien; — des rochers blancs creusés pour les sépultures, les ruines de Tychè; — les Latomies, l'oreille de Dénys, les restes du théâtre tracé dans le roc, envahi à demi par un moulin; — une ligne d'aqueducs; — la Nécropolis où l'on montre avec orgueil les tombeaux de Timoléon et d'Archimède, chose fort contestée; — un sol rocailleux, aride, bleuâtre, inondé de soleil : et, en redescendant vers la plaine et le marais *Syraco* d'où la ville prit son nom, le pays le plus riant, le plus riche; partout des aloès, des platanes, des figuiers et des orangers; des champs de vignes qui fournissent ces vins si justement célèbres; des fontaines qui viennent aboutir au port, en traversant des prairies toutes vertes qui contrastent admirablement avec les grands rochers blancs et bleus entaillés et couverts de ruines; la haute cime neigeuse de l'Etna au fond du tableau; voilà l'aspect de la ville et des campagnes où fut l'opulente Syracuse qui arracha des larmes aux grands généraux qui la détruisirent.

Aujourd'hui, douze ou quinze mille habitans s'agitent dans des lieux où deux millions se pressaient il y a vingt cinq siècles. Les beaux temples, ornés des chefs-d'œuvre de Phydias, de Praxitèles et de Zeuxis, sont remplacés par de mesquines églises ou des monastères de femmes fort pauvres en objets d'art. La cathédrale est bâtie sur les ruines de ce fameux temple de Minerve dont il reste quatorze colonnes cannelées. Verrès le dépouilla de ses précieuses peintures; mais si la

Sicile est de nouveau envahie par des proconsuls, je suis persuadé d'avance qu'ils ne feront pas déplacer les tableaux que le peintre Politi a appendus aux colonnes qui supportèrent aussi ceux de Zeuxis et d'Apelles.

Syracuse a changé d'aspect depuis l'époque où elle fut visitée par les derniers voyageurs français qui ont écrit leurs souvenirs : MM. de Forbin et Auguste de Sayve. Ce n'est plus une ville triste et misérable ; j'y ai assisté à des fêtes joyeuses, des fêtes au milieu de la nuit par les rues illuminées. Les femmes y sont fort belles et sortent peu par malheur ; mais l'hiver, dans la saison du plaisir qu'elles aiment passionnément, elles donnent des bals charmans, et un jeune comte messinais de mes amis me disait qu'il s'y échappait un mois chaque année, parce que Syracuse était continuellement en fête.

J'étais curieux de voir cette célèbre fontaine Aréthuse, pour laquelle Théocrite écrivit ces gracieux vers :

Adieu, belle Aréthuse, et vous, fleuves qui mêlez votre onde à l'onde pure du Thymbris.

Mais hélas! que le séjour de la tendre nymphe est changé! Que sont devenus ces berceaux de lianes et de roses, ces statues précieuses! — La belle source prodigue toujours ses eaux fraîches et limpides; mais à peine est-elle sortie de dessous la roche, qu'elle est salie par une foule de vieilles femmes qui viennent y laver leurs guenilles maculées. C'est une profanation honteuse!

J'avais assez vu Syracuse, et j'allai trouver une patron de brigantine qui devait me conduire à Malte et à Athènes si le hasard le favorisait. Nous courûmes ensemble admirer, en remontant le fleuve Anapus, la belle fontaine Cyané, la source limpide des papyrus, oasis riante et embaumée; et après le marché conclu avec mon Sicilien, il effleura mes doigts avec sa main qu'il porta ensuite à sa bouche: —par là, je devenais sacré pour lui: mais des circonstances fâcheuses m'empêchèrent d'aller par la Grèce à Constantinople, et je revins de nouveau débarquer à Syracuse afin d'achever mon voyage de Sicile.

—

Catane et l'Etna.

—

La route de Syracuse à Catane est longue et peu agréable. Des terrains incultes, des gorges profondes, des grèves désolées, voilà ce qu'il faut parcourir pendant une distance de quarante-cinq milles; enfin on aperçoit Catane aux pieds de son géant, blanche comme un cygne qui joue sur une pelouse fleurie au bord d'un lac: on traverse le célèbre Symèthe dans un mauvais bac, et l'on arrive par les plus belles plaines du monde dans la ville de Charondas [1].

Ma première pensée fut de me préparer à aller visiter l'Etna. Je parlerai rapidement de ce volcan fameux chanté par Pindare, Lucrèce et Virgile, décrit par les historiens les plus célèbres de l'antiquité, et dans les temps modernes par Fazello, le cardinal Bembo, Cluverio, Carrera, Borelli, le prince Biscari, le commandeur Dolomieu et l'abbé Spallanzani. Il faudrait consacrer à ce géant un ouvrage immense et posséder la science profonde du géologue et du naturaliste; toutes choses qui me seraient fort difficiles assurément. Je me bornerai à quelques observations.

[1] Législateur célèbre, né à Catane cinq siècles avant l'ère vulgaire. Il fut disciple de Pythagore, et se perça de son épée sur la place publique de Thurium, pour sceller de son sang sa loi qu'il avait violée en paraissant au milieu du peuple avec une arme. Parmi les sages lois qu'il donna, on remarque celle-ci: *Les calomniateurs sont condamnés à être conduits par la ville couronnés de bruyères, comme les derniers des hommes.* Je sais bien des petites villes de province où l'on devrait appliquer la loi sévère de Charondas.

On croit que ce nom d'*Etna* est un mot de la langue des Phéniciens, adopté par les Grecs, qui signifie *montagne de la fournaise.* Ce nom lui fut conservé par les Latins, et ce ne fut qu'au neuvième siècle que les Sarrasins lui substituèrent celui de *Ghebel* ou *Gibello* qui lui est resté, et qui, en langue arabe, n'a d'autre signification que *montagne* : mais, selon les Arabes, c'était la montagne par excellence; et il est bien permis de le penser comme eux quand on sait qu'elle a soixante lieues à sa base.

Un Anglais qui devait m'accompagner dans mon excursion s'étant trouvé malade à l'heure assignée, je partis de Catane seul avec un brave et joyeux guide, nommé Antonio, que je ne saurais trop recommander aux voyageurs. Il était environ quatre heures du soir; le soleil semblait haut encore: c'était en juillet. Nous allâmes tout d'une traite, grimpés sur nos mules, jusqu'au village de Nicolosi tant de fois enseveli sous des flots de lave. Nous nous y reposâmes jusqu'à onze heures. Alors mon joyeux

Antonio prépara les bucéphales et me dit en souriant : Partons, excellence, *per la bocca dell' Inferno.*

Je m'étais procuré une torche de résine pour voir l'effet que cela produirait la nuit dans la montagne ; j'en armai mon compère, et je le fis marcher devant. Mais les lueurs ne se répandant pas très loin à cause des nombreux monticules de lave qu'on rencontre, Antonio prit le parti de l'éteindre et de se rapprocher de moi, dans la crainte qu'il ne m'arrivât quelque accident ; puis il se mit à chanter bruyamment, au milieu des ténèbres, cette chanson sicilienne bien connue :

Vïa, biddicchhia,
Scòcca di rôsa
Lo cèlu vòlle
Ch' ïo t'amèro !

Nous nous trouvions alors dans la *regione nemorosa*, la région des forêts ; et, au milieu de la nuit, par un calme extraordinaire sur les flancs de ces masses qui pèsent sur Encelade expirant, c'était chose curieuse à entendre que la voix sonore de ce joyeux muletier : mais, comme j'allais le prier de se taire, nous arrivâmes à la région des neiges, et le froid devint si vif que je l'appelai à mon secours ; je bus quelques gouttes de rhum, et nous nous acheminâmes vers la *casa inglesa*, bâtie par un certain M. Gemmelaro et les officiers anglais cantonnés à Messine dans les guerres de Napoléon. Le froid redoubla ; le vent soufflait de la Calabre, et je souffrais cruellement. — Courage, monsieur, me dit Antonio, nous allons bientôt quitter les mules, et la marche sur ce sable de l'enfer vous réchauffera. — Je ne lui répondis rien ; car mes dents se choquaient entre elles avec violence, et je sentais un frisson mortel courir par tous mes membres.

— *Ecco la Torre del filosofo signore*, me dit Antonio, en me montrant quelques ruines que les savans font remonter au temps du bon Empédocles : j'y donnai peu d'attention, car ce fait me paraît fort douteux ; et nous arrivâmes enfin à la maison anglaise où nous laissâmes nos mulets. La bonne humeur d'Antonio ne se ralentit pas un instant, quoiqu'il dût aussi souffrir; mais il avait pitié de ma faiblesse, et il inventait mille moyens pour ranimer mon énergie: il me racontait des histoires tragi-comiques sur ses nombreuses ascensions, et la comédie revenait toujours largement aux intrépides voyageurs anglais qui ne disent aux guides que ce mot: *Allez!* Enfin, après une course d'un mille sur des laves aiguës comme des poignards, nous atteignîmes le pied du cône.

Jusqu'ici les savans n'ont doté l'Etna que de trois régions: la première s'appelle *regione piedimonta*, c'est celle des vignes et de la culture; la seconde, *regione nemorosa* ou *silvosa*, celle des forêts; et la troisième, *regione deserta*, région déserte, région des neiges. Mais il me semble qu'on peut hardiment assigner à l'Etna une quatrième région, *celle du feu*. La neige cesse au pied du cône, et cette partie diffère tellement de couleur et de substance, qu'il n'y a nulle témérité scientifique à se prononcer nettement.

Nous commençâmes à gravir ce cône : la terre en est molle, chaude, et laisse exhaler de légères ondulations de fumée; sa couleur est d'un violet pâle, qui forme un beau contraste avec les neiges de la plaine *del Frumento*, bien mal baptisée assurément, car certes il n'y en est jamais venu. A mesure que je montais, la raréfaction de l'air me faisait souffrir davantage, et il arriva un instant où je me trouvai si mal que je m'assis à terre, découragé, en disant à Antonio : — Retournons, mon ami, je n'irai pas plus loin. Le soleil sortait alors du sein des nuages d'un rouge mat, et la base de la montagne était entourée de vapeurs qui ne me permettaient pas de voir Catane. Enfin je me remis, et, après une heure trois quarts d'efforts inouis, nous arrivâmes sur un petit cône situé à gauche qui domine le cratère fumant. Je reculai d'effroi en voyant cette bouche affreuse vomissant une fumée épaisse, livide et empoisonnée. Du milieu de la fournaise s'élève une aiguille gothique et une espèce de muraille tronquée, déchirée, toutes deux rougeâtres, quelquefois grises et recouvertes de cristallisations de soufre et d'ammoniaque. Le violet et le gris de perle dominent dans le cratère ; mais, malgré mon désir, le vent ne fut pas assez aimable pour me permettre de voir le fond du gouffre où la lave bouillonne. Il est vrai que je pourrais fort bien le dire, à l'instar de Figaro. Je me contentai de jeter quelques scories dans l'abîme, qui firent un assez grand bruit, et je ne pus retenir un bon rire en voyant la figure d'Antonio qui me dit d'un ton gravement comique : *Ecco per il palazzo del diavolo !*

Ce spectacle effroyable agit fortement sur l'imagination, et les descriptions de l'enfer faites par les grands poètes de l'antiquité étonnent moins quand on a vu la réalité de cet enfer. Quelle nature bouleversée! quelle désolation! Partout des crevasses horribles d'où la fumée s'échappe, d'où la mort peut surgir pour punir le voyageur imprudent qui s'aventure au milieu de ces écueils. — Sous les yeux, ce grand réseau de neige qui se dessine sur la ceinture sombre de la région boisée qu'on détruit chaque jour par les charbonnières, et au loin cet immense panorama de la Sicile qui semble une vue d'optique, et le soleil qui envoie jusqu'à vous quelques rayons et qui se mire dans cette mer splendide, où, dans les beaux jours, des voyageurs ont vu flotter Malte et poindre les longues côtes africaines! — moi je n'ai pas eu ce bonheur.

Ma curiosité était satisfaite; je donnai l'ordre du retour à Antonio qui ne fit pas le rebelle. Nous allâmes visiter une caverne appelée la *Grotte des chèvres*, fort délaissée depuis la construction de la maison anglaise; et, traversant la région boisée, nous revîmes ces effroyables masses de pierres noires si bizarrement entassées, que la nuit je les avais prises pour des fantômes de géans : puis nous visitâmes les Monts-Rouges, *i Monti-Rossi*, produits de l'éruption de 1696, qui dura quatre mois, vint dévorer Catane et combler son port. Enfin je ne jugeai pas prudent de prolonger davantage cette excursion, et je m'en revins à Catane brisé par la fièvre et sérieusement malade.

Je m'aperçus alors pour la première fois combien il est cruel de voyager seul et de succomber en route sous le faix du mal : on vous laisse mourir un pauvre étranger sans le moindre scrupule. J'ai attendu vainement tout un jour le médecin, et cinq heures un verre de sirop. — C'était le temps de la sieste. Je serais mort si je ne m'étais ressouvenu que ma valise contenait du quinine.

Et vraiment cela ne m'étonna plus quand je fus en état de parcourir Catane, qui est bien la ville la plus indolente, la plus voluptueuse et la plus paresseuse que j'aie vue ! Aux heures fraîches du soir, les dames courent par les grandes et belles rues dans leurs calèches, souriant aux cavaliers qui marchent à pied sur la voie; et tout cela vient s'arrêter devant les glaciers, et savourer de délicieux sorbets en compagnie d'abbés, de militaires, de prêtres, de religieux. On lit, on cause; l'amour ne reste pas en arrière, et l'on va souper. — Tout le jour on dort. Voilà comme on passe la vie au pied de l'Etna, au pied de cette fournaise en fusion continuelle, toujours menaçante, toujours prête à déborder, et qui, quand elle s'échappe de son antre, décime les populations, dévore les champs, les montagnes, et engloutit et bourgades, et cités, et villages!

Catane a conservé la régularité des villes de la Grèce antique. Ses larges rues sont bordées de palais superbes, d'églises et de monastères somptueux. La dévotion y est extrême, comme aussi la flânerie et la volupté. Si Catane avait un abri contre un soleil dévorant, j'engagerais tous les voluptueux et les vieillards à la choisir pour y résider; mais en vérité on s'aperçoit bien qu'elle est voisine de l'enfer, — on y étouffe.

Le vieux prince de Biscari consacra une fortune immense et ses talens (car on dit qu'il en avait, quoiqu'il eût posé pour son statuaire, cuirassé en romain) à rebâtir Catane; il a fondé un joli musée dans son palais, aussi curieux dans son genre que celui du beau couvent des Bénédictins. J'allai voir le théâtre et l'amphithéâtre engloutis à demi sous des flots de lave comme le port de Catane qui en fut comblé, et je partis dévoré par la fièvre pour Jaci-Reale et Taormina.

Je repris la rue Etnéenne et la route qui s'avance vers l'est sur les flancs de l'Etna. C'est une féerie continuelle, c'est le paradis terrestre. A chaque pas le site change et déroule aux regards des paysages enchanteurs; car l'Etna n'est pas une seule montagne, c'est une masse immense qui semble de loin n'en faire qu'une, mais qui, lorsqu'on s'approche, s'étend, se disperse en une infinité de petites montagnes créées par les nombreuses éruptions et qui s'élèvent en amphithéâtre jusqu'à ce grand et terrible cône, leur créateur [1].

[1] Depuis les temps historiques on compte soixante-dix-sept éruptions de l'Etna, dont onze précédèrent la venue du Christ. Caligula se trouvait à Catane lors de la fameuse éruption qui eut lieu l'an 44 de l'ère vulgaire, et cet empereur en eut tant d'effroi qu'il se sauva jusqu'à Messine s'embarquer pour Rhège. L'éruption de 812 (à laquelle Charlemagne assista), celles de 1183,

Or ces petites montagnes, ces vallées, ces plaines, sont admirables de végétation et de culture, et quand on pense qu'il y a quatre-vingts bourgs, hameaux et villages disséminés sur les flancs de l'Etna, et une population qui atteint presque à 200,000 ames en y comprenant Catane, on conçoit tout le merveilleux que cette montagne doit offrir.

Je marchais alors sur le sol de la grande poésie épique ; ces rivages furent chantés par Homère et lui ont inspiré ses plus beaux vers. — Voici le théâtre du sombre épisode de Polyphème : on montre encore la célèbre grotte qui retentit des plaintes de Galathée ; l'infortuné Acis gémit sous ces rochers, et leurs échos redisent chaque jour son nom depuis les plus vieux âges. — Voici les écueils

de 1537, de 1693, de 1809, 1811 et 1819, furent les plus terribles.

Un savant prouve qu'un siècle suffit à peine pour établir sur la lave une couche de terre végétale de l'épaisseur d'une ligne. Qu'on juge alors de l'âge du volcan, et par conséquent de l'âge du monde. Il y a quelquefois six couches de lave et de terre végétale l'une sur l'autre.

des Cyclopes, grandes masses basaltiques aux aiguilles régulières, — puis le promontoire de Naxos, et, bien loin, les grèves blanches où fut Mègare.

Que ce pays est donc enchanteur et sublime ! Où retrouver de pareils sites ? Les tableaux sont composés, il n'y a plus qu'à les peindre. Toujours le gigantesque Etna pour perspective, dont la tête neigeuse étincelle au soleil, dont les flancs sont couverts de villas, de bourgades, de cités; une campagne splendide; et pour premier plan, l'immensité de la plus belle des mers !

J'arrivai dans l'après-dînée à Giardini, petite et pauvre marine bâtie sur la grève de Taormina. Le ciel était orageux, c'était jour de fête dans la montagne, et j'escaladai fort difficilement les deux milles de rochers à pic que les insulaires décorent du titre pompeux de Strada.

Des fontaines, des rigoles, arrosent de leurs eaux qui bruissent les flancs de la montagne aride. Tout cela est factice et fut amené à grands frais dans ce pays marneux par les Sarrasins. A mi-chemin du sentier escarpé, on aperçoit Taormina qui se dessine en ligne courbe sur une haute colline grise, élevant fièrement ses campanilles et ses maisons moresques, dont l'une, bâtie sur le bord d'un abîme, apparaît toute gracieuse avec sa façade percée de trois fenêtres ogivales, ornement d'une galerie profonde qui domine la montagne et la mer.

Taormina avait été si célèbre, que je maudissais ce chemin âpre qui entravait ma marche; j'aurais voulu être depuis une heure dans les ruines de ce théâtre merveilleux, unique dans le monde, le plus digne assurément des chefs-d'œuvre de la tragédie grecque. Enfin j'escaladai les rochers, et je parvins au sommet de la montagne où l'on voit encore le *proscenium* mutilé, le cirque extérieur, et la pente des gradins où se pressaient vingt-cinq mille spectateurs. — Quelle magie pour la pensée ! Les poètes, en écoutant réciter leurs vers dans cette enceinte sonore, sous ce ciel resplendissant, au dessus de ces ondes enchanteresses, devaient se croire les égaux des dieux !

Certes, la gravure de le Maître, d'après M. de Forbin, est bien ravissante ; mais qu'elle est loin encore de donner une des moindres beautés de l'original ! C'est une œuvre impossible à l'homme; il faut qu'il se contente de l'admirer, de l'envier, mais non de vouloir la reproduire. Poussin et Salvator eussent jeté leurs pinceaux dans la mer, du haut des restes de ce proscenium sublime. J'aime mieux la description. — L'art, le goût grandiose, la magnificence des anciens, s'emparèrent de ce lieu, où ils construisirent ce théâtre dont les prestiges composent encore aujourd'hui le plus beau site de l'univers. Assis sur les gradins les plus élevés, on aperçoit, à travers les hauts portiques si élégans qui ornaient la scène, l'Etna, l'ancien port de Vénus, le rivage où fut l'autel d'Apollon-Archagète, Jaci, Naxos, Leontium, Augusta, Syracuse, et, à l'orient et au sud, la mer de Grèce et la mer Africaine. Si cette grande ruine, telle qu'elle est, émeut et élève l'ame, qu'était-ce donc lorsque, dans le fond du même théâtre, on pouvait voir la lave du volcan menacer le rivage et ses feux éclairer la scène, tandis que l'esprit et les yeux étaient frappés à la fois, ceux-ci par les orages de l'Océan, celui-là par les douleurs d'Electre et les infortunes des Atrides! Ainsi les prodiges de la nature et des arts s'étaient rencontrés sur ce promontoire pour y éblouir tous les regards, pour y charmer tous les cœurs. Où pouvait-on représenter avec plus de succès le *Cyclope* d'Euripide, puisque l'Etna vomissant des tourbillons de fumée se montrait au fond de la scène? Dans Iphigénie en Aulide, à travers la porte principale, apparaissait la mer sillonnée de vaisseaux. Enfin des nuages légers et le secours des mobiles *periacti* prêtaient leur illusion aux *Nuées* d'Aristophane. Les pinceaux de Zeuxis et d'Apelle auraient-ils pu offrir à la scène grecque des décorations aussi nobles et aussi éclatantes?

Je ne pouvais m'arracher de ces ruines merveilleuses. Le soleil se couchait; l'Etna semblait tout rouge, et le promontoire de Lentini blanchissait, comme les ailes d'une mouette sur les grands nuages noirs de l'orage.

Je restai jusqu'aux approches de la nuit dans ce lieu solitaire, examinant les colonnes mutilées, les chapiteaux, les débris des frises, et, d'après le travail, moins pur en général que celui des autres monumens grecs, je pensai que l'édification de ce théâtre avait eu lieu sous les questeurs qui précédèrent Verrès. Je redescendis rapidement, par des ruelles étroites et fangeuses, au plateau de Taormina que je visitai, et qui me parut fort misérable [1]. C'était un jour de fête,

[1] *Tauromenium* fut fondée par Andromachus, père de l'historien Timée, avec les Naxiens dont Denys-le-Tyran avait saccagé la ville. Elle dut son nom au mont Taurus sur lequel elle s'éleva : quelques auteurs assurent qu'elle fut autrefois puissante et considérable ; mais sa position sur les flancs d'une montagne escarpée permet de mettre en doute leur véracité. Ce fut seulement, je crois, une importante place militaire. Les Sarrasins la dévastèrent pour en chasser les Grecs, et, quand leur domination fut bien établie, ils la relevèrent, et cette maison, dont j'ai parlé plus haut, est encore appelée : *la casa Saraccina.* Le vieil historien des Normands écrit qu'il y eut sous ses murs des scènes bien sanglantes au temps du comte Roger. Au reste, elle est encore pleine de ruines

et, dans chaque rue, les jeunes filles dansaient leur danse nationale au son de la flûte et du tambourin. J'étais si malade que leur gaîté ne me réjouit point, et, revenu à Giardini, je me reposai dans l'auberge du vieux prêtre, beaucoup trop vantée assurément ; car le strict nécessaire y manquait, et je fus forcé de me remettre en route le lendemain à minuit, et de me faire soutenir sur un cheval, durant un trajet de trente milles, par un jeune marinier des grèves de Taormina.

Une route superbe conduit à Messine par le rivage de la mer ; on ne quitte jamais la plage, et tout ce pays est fort poétique. Ce sont de grandes montagnes déchirées, des précipices, de larges lits de torrens, des collines boisées, et, d'espace en espace, de charmans villages protégés par quelques vieilles tours. Je traversai le fleuve Chrysorrhoas, un fleuve pour rire, qui

grecques, romaines, sarrasines et normandes; mais n'aurait-elle que son théâtre et le plus complet oubli, qu'elle serait digne de la plus vive admiration.

n'est plus le Pactole. — C'est, dit un voyageur, près de cette onde qui roulait de l'or, que le dieu du jour faisait garder ses troupeaux par ses deux filles, Phaéthuse et Lampétie, toutes deux éclatantes d'une beauté céleste. Mais la sèche philosophie a tué les déesses, et j'eus le malheur de ne trouver dans ces lieux que de pauvres femmes, vieilles avant l'âge, et noircies par un soleil ardent.

Je dépassai bientôt la *locande isolée* et plusieurs jolis pays annonçant l'aisance et le bonheur. C'était un dimanche ; les femmes avaient leurs habits de fête, les hommes jouaient au palet ; chacun se reposait à l'ombre, et presque tous interrompaient leur jeu pour m'adresser un regard expressif et souhaiter des jours meilleurs au *jeune étranger malade*. Je ne saurais dire combien j'étais touché de ces paroles du cœur, de cette pitié si compatissante, point remarquable du caractère des Siciliens si cruels pour leurs ennemis. — Enfin je revis les côteaux délicieux du Pélore, la blanche Reggio qui se mirait dans ses eaux superbes, et, traversant rapidement Contessa, j'entrai pour la troisième fois dans ma Messine bien-aimée, qui me semblait une patrie après les cruelles fatigues que j'avais endurées!

J'ai déjà longuement parlé de Messine : je pus de nouveau me convaincre du goût prononcé des Siciliens pour les feux d'artifice ; car j'assistai à un qui eut lieu en plein jour. La danse entre aussi pour beaucoup dans leurs plaisirs, et je conçois bien qu'ils se passionnent pour leurs contredanses ; car elles sont vives, gaies, entraînantes. Je fus prié d'une noce, et, sans avoir fait partie de plus de quatre quadrilles, je me trouvai avoir dansé avec toutes les belles Siciliennes de la fête : à chaque figure, on danse avec toutes les femmes qui composent le quadrille. On me persécuta beaucoup pour enseigner notre froide contredanse. Mais je m'y refusai, craignant son adoption au détriment de la leur que je trouvais bien préférable ; mais je leur appris le galop qui doit avoir fait la fortune la plus brillante.

A mon retour à Messine, c'était la saison de la *pêche de nuit*, et cette pêche curieuse me fit passer quelques soirées fort agréables. Chaque jour, à la première heure de nuit, on voyait dans le grand port, et jusque vers le petit phare, un nombre infini de barques illuminées qui glissaient sur les eaux comme des feux follets. C'était la belle jeunesse de Messine qui s'exerçait à la pêche. Voici de quelle manière ils procèdent. A la proue de la barque on attache un réchaud rempli de morceaux de bois résineux qui jettent de vives flammes comme un fanal; le poisson accourt à cette lumière, et le chef de la barque, debout à côté de son fanal, lance le harpon. Il n'y a jamais qu'un pêcheur par barque; mais elle est souvent remplie de dames et de jeunes gens qui causent, chantent, rient; et je ne rougirais pas de dire qu'on y parle aussi d'amour. J'ai assisté à cette pêche, et bien souvent je suis resté jusqu'au milieu de la nuit sur mon balcon, à voir courir au loin sur la mer ces centaines de fanaux qui jetaient de longues lignes de lumière sur les flots tranquilles et pleins de fraîcheur.

Mais il fallait mettre un terme à cette vie de bonheur ; je m'embarquai sur le *San Wénèfrède*, mauvaise barque à vapeur du roi de Naples, qui venait, contre toute justice, de défendre à la compagnie des Warbeck d'exploiter les ports de Sicile ; et, après une navigation rude à travers le phare et les fameux écueils de Charybde et Scylla, nous touchâmes à Tropea, jolie ville de la Calabre ultérieure, bâtie au sommet d'une roche marneuse que les vagues dévorent chaque jour. Dans la nuit, quoique nous fussions à une assez longue distance, nous vîmes les grandes lueurs du volcan de Stromboli. Nous laissâmes à droite les golfes de Policastro et de Salerne, et nous cinglâmes rapidement sur Naples, en admirant encore, pour la troisième fois, ses îles et sa ceinture enchanteresse.

Cette fois Naples me sembla plus *comfortable*, plus sociable : j'avais alors des idées arrêtées sur sa canaille, et j'agissais en Normand. Avec une pareille conduite, Naples devient plus supportable. Mais tout-à-coup cette grande prostituée fut en proie à d'horribles angoisses; le choléra qui moissonnait dans la terre de Bari s'approchait de la capitale; — il y était même. — Le port était fermé aux paquebots à vapeur français, génois et toscans : on s'interrogeait avec frayeur; on s'attendait à des troubles sérieux à cause de l'absence du roi qu'on gorgeait de fêtes à Paris, lui qui en était si indigne! — J'eus le malheur d'être une des premières victimes : mais au milieu d'horribles souffrances je gardai mon secret dont la révélation même m'eût été fatale; et après six jours de tortures je partis en poste pour Rome avant que la route ne fût interceptée, ce qui ne tarda guère.

—

L'Abruzze et les Marais Pontins.

—

Je traversai rapidement Aversa, cette ville relevée par les Normands pour l'opposer à Naples en ennemie, ainsi que le démontre clairement son nom. C'était l'antique Atella des Romains, célèbre par l'humeur joyeuse, spirituelle et débauchée de ses habitans qui donnèrent le nom de leur cité à ces comédies grossières, les *farces atellanes*, qui faisaient les délices du grand peuple. Capoue vint ensuite, la molle Capoue dont le nom dispense de tout commentaire, et qui aujourd'hui n'est plus qu'une petite ville fortifiée, et doublement protégée par le Volturne, roulant ses eaux toujours jaunâtres à cause des côteaux marneux de l'Abbruzze qu'il traverse longuement. Ce pays m'a semblé beaucoup moins beau que sa réputation étonnante. Ce sont de grandes plaines grises, sans arbres, sans verdure, et dominées à l'est par de hautes collines pelées et désertes. Les filles de Cascano, un pauvre petit village désolé, n'ont au contraire aucune réputation, bien qu'elles soient admirablement belles; et ce serait justice de dépouiller l'un de ses prestiges mensongers pour en doter généreusement des merveilles enfouies dans l'oubli.

Nous arrivâmes dans l'après-dînée au fond d'une belle gorge de montagnes, au bord de la mer. Une rivière assez large sépare la vallée; quelques tronçons de colonnes gisent là, sur la rive et sous les roseaux; un pont suspendu vient d'y être établi. Plus loin, dans une plaine petite et basse, j'aperçus un joli temple antique circulaire dédié à Vénus, les restes d'un amphithéâtre et de longues lignes d'aqueducs. — Voilà donc ce qui reste de Minturnes ! m'écriai-je, et ce marais est donc celui dans lequel Marius se cacha et vit reculer d'admiration et d'effroi le soldat Galate qui venait pour l'assassiner ! De cette charmante colonie du Latium il ne reste plus que quelques ruines ; mais aussi des souvenirs que l'histoire rendra impérissables.

Le site est délicieux. Vers le sud on découvre le golfe de Gaëte, d'où surgit au loin la crête du volcan d'Ischia. A l'est c'est une plaine large de plusieurs milles, très-riche de végétation, sillonnée par les eaux du *Liris*, et enserrée dans un hémicycle de charmantes montagnes derrière lesquelles apparaissent les hauts et blancs sommets des Abruzzes ; et, vers la gauche, la pittoresque et petite ville de Traetta domine la ligne brisée des aqueducs. Nous ne tardâmes guère à pénétrer dans Mola-di-Gaëte.

Quelle admirable population de femmes ! que d'amour et de poésie dans leurs grands yeux noirs si brillans ! Elles portent la jupe flottante, et leurs cheveux couleur d'ébène sont emprisonnés dans de longs rouleaux d'or et de soie éclatante. Les hommes ont des visages farouches, et la population en général semble courbée par la misère.

Nous dînons à la villa de Cicéron, sur la colline. Du balcon, la vue plonge sur une forêt d'orangers et de citronniers qui aboutit à la mer. La jolie ville de Gaète ferme l'horizon à droite, et en deçà ce sont de petits chaînons de l'Abruzze richement couverts d'oliviers et de citronniers. Le nom de M. de Châteaubriand est gravé sur ce balcon.

Un diable de moine franciscain partage avec nous notre voiture, notre vie, nos cigarres et notre argent ; il me dit qu'il oublie les jours en voyage afin de ne pas faire de péchés mortels en mangeant gras le vendredi, ce qui ne l'effraie nullement. Le pape n'est pas loin, il se fera absoudre. Aussi la tolérance du franciscain calabrais est-elle immense. C'est un petit homme de trente-six ans, trapu, d'une rude encolure, à l'œil sanglant et lubrique ; il a fait *la guerre de l'indépendance* en Calabre, le poignard au poing, l'escopette au dos, et s'est immortalisé au Pizzo avec les vainqueurs de ce pauvre Murat! Les remords le poussèrent à se jeter dans le sacerdoce, m'a-t-on dit mystérieusement ; et depuis qu'il a embrassé cette nouvelle carrière, il sert de courrier secret aux généraux des ordres monastiques. Ce singulier moine a déjà traversé deux fois l'Europe et l'Asie, et ces éternels voyages ont toujours été entrepris par lui sans qu'il possédât une obole. — Saint-François suppléait à tout. Les postillons d'Itri et des Marais-Pontins lui demandèrent la bonne main. — Saint-François vous bénisse, chers, leur répondit le moine.

— Le grand diable t'emporte avec ton Saint-François!

— La monnaie de Saint-François est de mauvais aloi, répondait le malicieux capucin ; et nous de rire, ce qui l'encourageait à nous demander notre cigarre quand il le voyait à demi consumé.

Nous venions de quitter Mola, l'antique Formies, ainsi que le prouve la description d'Horace; nous courions rapidement sur la voie Appia, quand j'aperçus un petit monument en forme de pyramide qui me fit tressaillir. — C'était là que Cicéron avait été assassiné : c'était la tombe de ce grand homme! La voie traverse ensuite des montagnes boisées d'un aspect sévère. Une ville très-pittoresque est là, assise sur des rochers surmontés par un beau château du moyen-âge : c'est Itri. Les habitans ont des figures atroces, et jaunies et desséchées par le mauvais air; il serait dangereux d'y séjourner quelques heures, car le montagnard des Abruzzes est né brigand. — C'est son métier le plus productif; et pour exploiter celui-là il secoue sa paresse.

Une nuit d'été superbe nous surprend à Fondi, autre petite ville célèbre, au dire des *itinérateurs*, pour avoir donné à coucher à saint Thomas.

Nous traversons une plaine, entre la mer et la montagne, parsemée de ruines antiques que j'admire au clair de lune. — Des feux étincelans brillent sur une longue ligne; j'entends au loin le son des cornemuses, la voix des pasteurs : je demande à quoi servent ces feux. — Les paysans de l'Abruzze sont si voleurs, me répond le postillon, qu'ils gardent ainsi toutes les nuits leurs fruits et leurs moissons. Nous quittons enfin le territoire napolitain, et nous arrivons au milieu de la nuit à Terracine, l'antique Anxur des Volsques, la dernière ville méridionale des états pontificaux.

Aujourd'hui que la civilisation commence à se propager par toute l'Europe, que chaque royaume en fait parade, mais la plupart à la manière des baladins, la première sensation qu'un étranger éprouve en mettant le pied sur le plus mince territoire princier, c'est le dégoût; je n'en excepte ni la France, ni l'Angleterre, ces deux reines du progrès. La douane est là, avec son hideux cortége, ses tracasseries mesquines ou son immoralité. En Italie, cette dernière est flagrante : rien n'est plus dégradé que la douane ; elle vous assiége, vous obsède, vous torture : ses faquins vous enlèvent vos malles au milieu d'une nuit glacée; ils vous tiennent là deux heures, dans une contrée pestiférée, vous menacent, vous bouleversent tout, et après ils viennent se vautrer à vos genoux pour vous arracher deux paoli. Fort heureusement, à Terracine, le moine calabrais s'empara d'un tambour de basque et se mit à jouer et à danser la saltarella sur la voie, avec une verve et une gaîté étourdissantes ; les douaniers lâchèrent prise, vinrent danser avec don Rafaël, et je leur jetai quelque argent, ce qui les rendit charmans et fort polis.

Nous traversâmes les Marais-Pontins. Je n'oublierai jamais cette nuit terrible. Par une lune superbe, au milieu d'une nature de mort, j'eus une nouvelle attaque de choléra. J'avais froid et j'étouffais, il fallait tenir ouvertes les glaces de la voiture ; je me tordais dans d'affreuses convulsions, et, pendant un trajet de trente milles, il me fut impossible de me procurer une tasse d'eau chaude. La chaise de poste roulait avec une vitesse effroyable, et le moine, qui tremblait de tous ses membres que je ne vinsse à trépasser, priait, et n'interrompait ses prières que pour prendre des paoli dans ma bourse et les donner aux relais à des postillons haves et minés par la fièvre, en leur recommandant instamment de nous sortir du désert empesté.

J'arrivai mourant à Velletri, l'antique capitale des Volsques. Je jetai un regard sur la solitude vaste et désolée que nous venions d'abandonner; elle s'étendait toute plane, inondée de soleil, bornée à l'orient par les belles montagnes de la Sabine, et courant se confondre vers le sud avec les ondes de la mer Thyrrénienne.

Je demandai un médecin : un barbier se présenta avec sa trousse et voulut me saigner. Mes douleurs s'étant un peu calmées, je l'envoyai au diable, et je préférai m'en aller mourir à Rome entre les mains de la science, chose plus consolante assurément, et qui pour cela ne tue pas moins; mais j'en fus quitte pour la peur et une fièvre à rendre fou.

A partir de Velletri, nous parcourûmes un pays enchanteur : ce ne sont que collines vertes admirablement cultivées, que jolis pays, que palais magnifiques; la voie est semée de tombeaux célèbres. Puis on traverse Gensano et Albano, renommés pour la beauté de leur site et pour leurs jolies filles; et, à une grande distance, au milieu d'un désert rongé par la fièvre et par le soleil, je vis enfin se dessiner la ville éternelle avec ses tours, ses palais et ses grandes coupoles.

—

Rome.

—

Quand j'eus couru deux ou trois heures dans une plaine immense, inféconde et triste, au milieu de laquelle se dessinent de longues files d'aqueducs ruinés, j'entrai dans Rome par la porte de Saint-Jean-de-Latran, qui doit son nom à cette magnifique église. Bientôt il me fut possible de saluer en passant ce que Michel-Ange a laissé du gigantesque et sublime Colossée. J'ouvrais de grands yeux, je regardais avidement la canaille romaine qui me le rendait bien : j'étais enfin dans la cité des Césars ! Nous passâmes devant le célèbre Forum ; les arcs de triomphe se dressaient au soleil : ce n'étaient que restes de temples, que colonnades isolées, et, dans le fond, les restes du Capitole. Quels souvenirs !...

Rome est une grande ville passablement déserte, assez sale et mal bâtie, pleine de ruines merveilleuses, possédant des palais superbes édifiés par Bramante, Buonarotti, et cet ange transformé en homme, qui eut pour nom Raphaël. Il y a une infinité d'églises qui ressemblent à des temples païens, et pas une seule qui soit convenable à la mystérieuse croyance du catholicisme. Les chefs-d'œuvre des plus grands maîtres de la peinture, de la statuaire et de l'orfèvrerie sont là. C'est au Vatican qu'un artiste et un poète peuvent justement apprécier les deux géans du XVIe siècle : le divin Sanzio et l'infernal Buonarotti. Quiconque n'a pas vu le Vatican ne connaît pas ces deux génies. Je ne crains pas que MM. Ingres et Sigalon me contredisent en cela. — Quant à la Basilique de Saint-Pierre, je l'abandonne à ceux qui la trouvent sublime et s'harmonisant parfaitement avec la sévérité chrétienne. Selon moi, c'est un temple profane, encombré de merveilles, et qui certes aurait pu lutter avantageusement avec un autre temple fameux, celui de Minerve à Athènes. C'est beau; mais ma foi est plus grande quand j'adresse mes prières à Dieu dans une sombre cathédrale aux vitraux coloriés, comme celles de la Normandie ou de la vieille Allemagne, que dans ce monument grec inondé de lumière.

Rome a son pape, qui est aussi le nôtre, une infinité de places, d'obélisques, de colonnes, de rues, de cardinaux, de monseigneurs, de prêtres, de moines, d'abbés, de séminaristes, qui se réunissent souvent pour des fêtes superbes; Rome a aussi beaucoup de voleurs, de princes, de mendians, de ducs (en Italie qui ne l'est pas?), de donneurs de coups de couteau, de fiévreux, d'étrangers, d'artistes de toutes les nations, qui brisent la monotonie de cette ville fanée et lui mettent chaque jour un peu de fard au visage. Mais si je racontais tout cela, on me dirait que c'est usé; si j'écrivais que les Romaines sont belles depuis quatorze ans jusqu'à vingt-cinq, qu'elles ont des pieds longs d'un empan et largement proportionnés, ce ne serait guère plus neuf: mais si je disais que les princesses de la ville papale sont beaucoup plus chastes que leur réputation, fortement compromise par les commis-voyageurs du commerce et de la littérature qui les ont possédées... de loin, et qui n'ont jamais trouvé de cruelles, on n'ajouterait peut-être guère plus de foi à mes paroles, tant la calomnie a de séduction et s'insinue profondément dans tous les cœurs. Aussi, ai-je préféré garder le silence sur Rome, où j'ai passé de si bons et de si beaux jours avec les artistes français; Rome que j'ai souvent regrettée; et je me borne à renvoyer les lecteurs aux mille volumes qui lui ont été consacrés, et à ce fameux itinéraire de Nibby, le grand *itinérateur*, l'*itinérateur* sans pareil, le Robert-Macaire des *itinérateurs*, qui se distribue, pour une piastre, chez Merle, un excellent libraire provençal établi sur la place Colonne.

Rome renferme aussi un grand nombre d'académies, et quelques mots sur celle de France ne sauraient être déplacés ici. Je ne partage point l'opinion de ceux qui pensent que les académies sont contraires au développement des talens ; loin de là , c'est selon moi inculquer aux jeunes artistes l'amour de leur art; c'est un stimulant continuel, un frein pour les mauvaises organisations, un rayon de lumière pour les beaux génies. Je sais bien que cela amène aussi quelquefois de déplorables résultats; mais quand l'élève a un talent réel il secoue les entraves dont on le charge, et prend l'essor de l'aigle.

La France dote à Rome, dans sa munificence, des peintres, des statuaires, des musiciens et des architectes ; c'est digne d'une grande nation. Il n'y a que les écrivains qui soient oubliés. M. Ingres dirige cette école, et quoique M. Ingres soit un des plus grands artistes des temps modernes, je crois qu'il la jette dans une voie qui n'est pas la meilleure. M. Ingres a pour devise : *Phidias et Raphael*, devise sublime qu'il répète sans cesse à quiconque veut l'entendre ; mais, je suis désolé de le dire, et je voudrais le dire dans l'ombre afin que M. Ingres que j'honore et que je place très haut ne sache pas qui parle ainsi ; mais ni les élèves ni le maître ne rappellent le divin Sanzio, comme exécution. L'artiste qui peignit la *Messe de Bolsèna*, la *Prison de saint Pierre*, la *Vierge de Foligno* et surtout les *portraits de la galerie Doria*, cet artiste était un très-grand coloriste ; mais le tableau du musée, couvert d'une vapeur *gris-de-perle*, signé Flandrin, le Jules Romain du directeur, est-il l'œuvre d'un coloriste ? Il révèle les qualités éminentes du dessinateur ; mais cela suffit-il ? M. Flandrin croit-il que son ciel soit le ciel de Nantes ? C'est le ciel brumeux *de la Norwége* avec des fabriques de l'Italie antique ; et M. Flandrin habite Rome depuis trois ans ! Avec de pareils résultats il me semble qu'il y a une présomption bien singulière à traiter de *barbouil-*

leurs les Vénitiens, ces peintres sublimes qui peignaient avec des couleurs aussi transparentes que les belles eaux de leur Adriatique. Tant que les hommes feront de la peinture, Titien sera une des plus grandes gloires de l'art ; il charmera toujours les ames qui recèlent l'enthousiasme de la poésie, et à ses côtés on groupera encore Giorgion, Palma-le-Vieux, Paul Véronèse et Tintoret. Pour M. Ingres, il a peint l'*Apothéose d'Homère*; et si une page aussi belle doit rendre exigeant et difficile, est-elle suffisante pour exclure de l'art quiconque ne marche pas dans cette voie ?

Un artiste, si grand qu'il soit, ne doit pas être exclusif ; l'art se révèle sous toutes les formes, l'art est un Protée inouï, qui se détache par lambeaux, en parcelles, rarement complet, et presque toujours sublime. Corneille, avant d'écrire le *Cid* et la *Mort de César* avait composé *Mélite* et la *Veuve* ; Rubens et le Tintoret dessinaient mal quelquefois, et cependant c'étaient des artistes bien éminens. Un peintre qui n'aura pour lui qu'un coloris admirable sera encore un très-grand artiste : c'est l'histoire de quelques Espagnols et de plusieurs Flamands. Si l'on retrouvait aujourd'hui les dessins de Robert Strange, et qu'on le jugeât d'après ce travail, qui dirait que Strange fut un graveur célèbre ? Mais il avait pour lui le burin tour à tour souple, moelleux et plein de vigueur, il entaillait le cuivre avec une science inouie; *Bélisaire*, *Vénus et Adonis*, *Charles* Ier, sont les œuvres d'un grand artiste. Si l'illustre Winckelmann ressuscitait, et qu'il fût obligé de juger M. Ingres après avoir analysé, comme dessin, comme composition et comme couleur, le *Saint-Symphorien*, à quelle hauteur le placerait-il comme artiste ? Ne soyons donc pas si exclusifs, et ne méprisons point les Vénitiens qui sont des enchanteurs, et qui pourraient bien avoir raison en songeant que la poésie de la couleur est un des charmes les plus puissans de la peinture.

J'ai dit déjà que les écrivains seuls n'ont aucune part aux largesses du gouvernement. Il me semble pourtant qu'on devrait considérer quelques écrivains comme étant profondément artistes. Les œuvres de la pensée écrite peuvent bien marcher de pair avec les œuvres de la pensée qui nécessitent l'emploi de la toile, du burin ou du marbre. N'est-ce pas grace aux arts libéraux que nous devons la civilisation moderne? Le progrès ne vient-il pas des efforts de nos grands écrivains pendant les deux siècles qui viennent de s'écouler? Il est vrai aussi que notre civilisation n'est guère bonne peut-être aux yeux de nos hommes politiques, qui ne seraient pas fâchés de nous reporter aux temps du chancelier Duprat.

Il est rare que la pauvreté ne soit le partage du poète. La providence, dans sa bonté infinie, a sans doute pensé que le génie qui anime une ame sublime est au dessus de tout; que rien ne peut être mis en parallèle avec cette parcelle divine qui place le poète au front de l'humanité. Tout ce qui émane de Dieu doit être sacré pour nous autres mortels; mais s'il faut au poète, pour développer davantage ses idées grandioses, une position à l'abri du besoin, s'il lui faut un autre ciel plus inspirateur que le ciel de sa patrie, n'est-ce pas aux gouvernemens qu'appartiennent ces nobles devoirs? De longs voyages sont indispensables aux écrivains : c'est une nécessité pour eux que de connaître la politique, les mœurs et l'apect des nations lointaines ; je dirai même que, sans ce secours qui retrempe la pensée en la développant, il n'y a pas de grands écrivains possibles, et je pourrais citer pour exemple les plus illustres noms de l'antiquité. Les Grecs parcouraient tout l'ancien monde, les Romains allaient de Tibur au Parthenon, de Byzance à Carthage, et de l'Espagne jusqu'aux extrémités de la Gaule Lyonnaise. — Chez les modernes, Camoens, Cervantes, Byron, Chateaubriand et Lamartine n'ont-ils pas foulé tous les rivages et navigué sur toutes les mers?

Parmi les artistes, les écrivains seuls ont le sort des ilotes ; pourquoi cette dureté ? Ne serait-il donc pas possible d'adjoindre une nouvelle catégorie à l'Académie de Rome? Si chaque année une commission, prise dans le sein de l'Académie française et de l'Institut, entre les plus illustres membres, examinait le meilleur travail d'histoire, le meilleur poème, le meilleur roman historique, ne serait-ce pas une justice que de faciliter leurs auteurs à entreprendre des voyages en Italie, en Espagne, en Asie ou en Amérique?

Je ne doute nullement que cela ne formât de grands poètes et de grands prosateurs, qui chaque jour initieraient la France aux mœurs de toutes les nations, et révéleraient par la description tant de sites merveilleux qui sont demeurés inconnus!

Mais revenons à Rome. Parmi les belles cérémonies auxquelles j'assistai, se trouva la fête de Sainte-Marie-Majeure; le pape officiait. Après la messe, Grégoire XVI, assis sur une riche litière ombragée de blancs parasols, fut conduit au milieu de ses gardes-nobles jusqu'au balcon de la haute colonnade de la Basilique. Une foule immense encombrait la place et les rues; les belles filles d'Albano et de Tivoli étalaient au soleil leur corsage d'or, leur tête chargée de grosses perles et de broches d'argent ; les contadini et le peuple étalaient leur misère en regard du luxe des abbés et des *monsignori* ; les bonnes ames étaient là pour prier... Je n'oublierai jamais l'instant où le pape se disposa à bénir cette multitude :

Alors tout s'inclina : vieillards, enfans et femmes !
Une pieuse foi parlait au fond des ames,
Et chacun dans sa bouche avait des mots sacrés.
Nul bruit au loin dans Rome. — On eût dit que la terre,
Comme au dernier soleil assistait tout entière
A ces mystères adorés.

Et, se levant avec un sentiment sublime,
Le noble et saint vieillard regardant vers les cieux
Implora l'Éternel pour notre race infime
Née en des jours si malheureux !...

Qu'il fut grand quand ses mains bénirent cette masse
Aux turbulens ébats, qui mange, prie et dort ;
On eût dit d'un archange élancé dans l'espace
Portant au front la mître d'or.

Grégoire XVI a une grande réputation de bonté, mais aussi de faiblesse : sa douce physionomie l'exprime bien au reste ; son excellent cœur se peint dans tous ses traits. Théologien habile, prêtre savant, homme actif, le chartreux Capellari semble avoir oublié ces qualités éminentes en devenant prince du Quirinal. Il se repose de tout sur ses cardinaux, et l'on dit même qu'il soupire quelquefois sur cette grandeur qui a mis à son cou une lourde chaîne, si lourde qu'il ne peut la secouer. Rome, sous le pontificat de Grégoire, a encore des coutumes d'une barbarie atroce. Lisez cela, et jugez.

Un soir que nous dînions chez Lepri, le Véfour empoisonneur de la ville éternelle, je vis entrer un jeune Anglais de ma connaissance, l'air tout bouleversé, les poings fermés, l'œil plein de sang. — C'est horrible, horrible! s'écria-t-il, on a infligé aujourd'hui le supplice du *cavaletto!* Voilà l'histoire. Un Romain s'était baigné dans le Tibre, tout nu; voyez l'indécence; des soldats du pape l'avaient empoigné et conduit, toujours à demi nu, en prison. *Il cavaletto*, le petit chevalet, fut dressé au soleil sur la place du pont Saint-Ange, et mon Romain d'être fustigé, toujours nu, avec un nerf de bœuf : tout cela à cause des mœurs ; ce qui n'empêche nullement les cardinaux d'avoir leurs villas pleines de statues et de tableaux où la feuille de vigne serait trouvée ridicule avec juste raison ; et je n'en excepte ni le Vatican qui regorge de merveilles toutes nues, ni Saint-Pierre où les belles Trastéverines vont s'extasier devant les charmans génies de Canova qui ont les plus ravissantes formes et pas le moindre petit coin de chemise. Voyez donc la moralité, je vous en prie. — Ne se croirait-on pas au milieu du XIIIe siècle ? N'est-ce pas là une barbarie abominable ! Mais c'est un parti pris : les cardinaux ne veulent point qu'on aille se baigner au Tibre ; et comme un bain chaud coûte à Rome 6 paoli (3 fr. 50 c.), les Romaines, qui trouvent cela fort cher et qui craignent les cardinaux, ne se baignent jamais ; aussi.... ne les accuse-t-on pas d'un grand luxe d'ablutions : mais c'est comme cela.

Que conclure de cette coutume, sinon que le pape, qui est extrêmement bon, a tort de ne pas vouloir quelquefois devenir maître, afin d'abolir cette monstrueuse barbarie. Mais ce n'est pas le saint Père qu'on maudit, et, si je ne craignais de médire, j'écrirais bien le nom du cardinal: n'est-ce pas *eminentissimo signore Luigi Lambruschini?* Mais nous en causerons plus tard.

Il y a bien d'autres coutumes étranges assurément; mais cela nécessiterait plusieurs volumes, et je ne puis plus disposer que d'une page pour Rome. J'entendais souvent parler des *miracles de saint Pierre*: toujours curieux, je questionnai, et j'obtins d'un noble romain cette petite anecdote:

« Nous avons une foule de familles princières titrées par les papes, on ne sait pourquoi: cela s'appelle les miracles de saint Pierre. Voici le dernier qui n'est pas le moins drôle. Lorsque Grégoire XVI était simple chartreux, il avait toujours, après sa robe blanche, un barbier, bavard et vantard autant qu'un mauvais poète napolitain: son ignorance et sa sottise étaient proverbiales. En 1830, quand le père Capellari obtint le chapeau de cardinal, le barbier Gaetanino ferma boutique, se fit camérier de son excellence, et devint successivement chargé d'affaires pour le pape à Bellune, puis baron Moroni, sans avoir ses lettres de noblesse inscrites, puis secrétaire du saint Père, puis archi-savant, académicien et académicien des Arcades. Les pasteurs arcadiens qui ne sont pas des béotiens cabalèrent contre l'intrus, se plaignirent amèrement, et réservèrent à Gaetanino un joli charivari pour sa réception ; mais le malin barbier se dispensa d'assister à cette séance menaçante, ce qui ne l'empêcha pas de recevoir son diplome d'immortel.

— Cela signifie, prince, repartis-je à mon obligeant romain, que le pape a la bonté d'un homme faible ; il n'a pu résister à cet Olivier-le-Daim moderne, qui, pour être un sot, paraît mener à bien son ambition et ses intrigues, et le saint Père aura cédé comme on cède à un ennuyeux qui nous obsède, pour s'en débarrasser.

—Vous êtes un peu papiste, monsieur ?

— Vraiment oui, parce que le pape est un honnête homme, et qu'on ne peut trop avoir d'égards pour un honnête homme revêtu d'une si haute dignité. Mais néanmoins je vous remercie de votre miracle.

Je visitai successivement toute la campagne de Rome; oh! rien ne me charma autant que mon excursion à Tivoli, Tivoli avec son beau Tévérone, ses ravissantes filles si richement vêtues, son aspect enchanteur, ses splendides cascatelles recelant sur leurs bords les ruines des casins de Mécène, d'Horace et de Tibulle, les plus tendres et les plus amoureux des poètes qui sont toujours amoureux! Je restai deux ou trois heures seul, au fond de la cascade, admirant le présent et le passé. — Tibur jadis, aujourd'hui Tivoli; — demain, qui sait?... Je visitai aussi la villa d'Adrien et la villa d'Est, partage du gracieux duc de Modène, qui laisse tomber en ruines la plus belle villa du monde chrétien, palais enchanteur où l'Arioste écrivit son *Roland Furieux*.

De retour à Rome, j'allai dire un dernier adieu à ses mille chefs-d'œuvre, aux merveilleuses *stanza* de Raphaël, mon idole ; à l'admirable Sixtine, au Vatican, aux galeries princières, et surtout à ce Moïse de Michel-Ange, sublime comme la statuaire antique, et qu'on pourrait placer à côté du Jupiter de Phidias, si le front avait plus de puissance. — La ville éternelle devenait déserte ; la fièvre rongeait la population ; le Choléra était à ses portes, et je lui dis adieu à cette Rome, en comparant sa longue existence à celle de Marie de Médicis, — triste avec une grande auréole de gloire, et mourant de faim sous sa robe de reine !

—

La Sabine, l'Ombrie, Terni, Pérouse et le lac de Trasimène.

—

Rien n'est plus triste et plus affligeant que la Sabine : des montagnes, des collines, des plaines infécondes, voilà le tableau. J'étais las de cette nature désespérante. J'arrivai deux heures après le lever du soleil à Civita-Castellana, l'ancienne Veies, où dans des temps de misères il fut question de transférer le sénat de Rome. Et tout à coup cette triste uniformité se change en une nature féerique : les horizons deviennent superbes ; le mont Soracte élance dans l'air sa masse bleue si imposante ; et près de moi, à l'entour de la cité bâtie sur une roche escarpée, la campagne est profondément déchirée par des volcans ; des arbres ont poussé dans ces précipices : et tout cela est d'une poésie effrayante qui remue fortement l'ame.

A chaque instant les sites varient ; il y a des pages pour Le Poussin, d'autres pour Salvator, d'autres pour Roqueplan, Jules André ou Turner. Partout de la poésie ou sombre, ou éblouissante de lumière. J'arrivai à Terni, et je me dirigeai vers la célèbre cascade de Marmora, située à six milles dans les montagnes, au pied de l'Abruzze ultérieur. C'est là qu'il faut aller composer des poèmes descriptifs ; c'est là qu'on voit dans toute sa splendeur cette belle Ombrie tant vantée et laissant toujours en arrière ses élogistes. Quel ciel ! quels horizons de vallées et de montagnes inondées de soleil ! Comme ce fleuve s'élance en nuages d'écume du haut de ces rochers ! comme il mugit ! comme il étonne !... Voici l'histoire de cette cascade factice. Vers l'an 670 de Rome, le consul Curius Dentatus, voulant dessécher le territoire de Rieti souvent inondé par les eaux du lac de Luco, fit creuser un canal dans la montagne de Marmora, et dirigea ces eaux dans la Nera : alors le Velino s'engouffra dans ce canal, et précipita sa masse d'eaux d'une hauteur de trois cents pieds dans un abîme sans fond; puis, bouillonnant dans les rochers, il se relève en jets d'écume, en gerbes que le soleil colore, et va s'épandre en grandes flaques dans une vallée enchanteresse. Ces eaux sont si fortement chargées de tartre, qu'elles pétrifient la racine des arbres, les herbes, les fruits et toutes sortes de plantes. Lord Byron, qui avait vu presque toutes les cascades du monde, dit que celle de Terni est la plus admirable.

Nous rentrâmes alors dans l'Apennin en nous dirigeant vers Spolète; la route sillonne des flancs et des gorges de hautes montagnes couvertes de bois immenses. Ce ne sont plus ces rians paysages si frais, si odorans; ces plaines fleuries inondées de soleil, ces côteaux délicieux où blanchissent des maisonnettes sous de vertes guirlandes de vignes, ces gracieux sites qu'embellissait encore Claude Lorrain ; non, tout est sévère, triste et puissant. C'est une nature vigoureusement dessinée, comme la comprennent quelquelquefois Aligny, et Marilhat le paysagiste oriental.

J'arrivai le soir à Spolète : c'était un jour de fête, et la ville, richement illuminée, faisait merveille au sommet de sa montagne, vue d'une des gorges profondes et noires de l'Apennin. J'ai souvent éprouvé plus de joie en arrivant le soir dans de vieilles villes que par un jour resplendissant ; l'imagination leur prête plus de poésie. On les voit belles, somptueuses; leurs palais semblent gigantesques, leurs rues plus grandioses : mais avec la lumière il n'y a pas d'illusion possible ; si la réalité est affreuse, on ne peut la revêtir d'une robe éclatante. C'est un peu l'histoire de Spolète, la vieille audacieuse, assise dans un cratère éteint, qui arrêta le vainqueur de Trasimène alors qu'il chevauchait rapidement à travers l'Ombrie pour menacer Rome, Spolète le fit rétrograder. Cette ville a des restes antiques qui remontent aux temps de Théodoric et de l'eunuque Narsès, des tableaux précieux comme on en trouve par toute l'Italie, et des habitans d'une affabilité extrême. Quant à la route qui conduit à Foligno, j'en ignore l'aspect; je l'ai parcourue par une nuit sombre et dormant à merveille, malgré les histoires de voleurs que racontait un trembleur de marchand Livournien, aussi riche, disait-on, que Sésostris-le-Grand.

Foligno n'est rien : c'est pour cette ville que Raphaël peignit cette vierge fameuse, ce chef-d'œuvre des vierges, gardé au Vatican après la restitution forcée de la France en 1816. Je trouve odieux qu'on agisse ainsi à l'égard de cette pauvre petite ville qui a tant réclamé son bien dont elle était si fière : Rome n'a-t-elle pas assez de richesses sans cette vierge! Et ce serait une nouvelle source de prospérités pour la ville dépossédée si on la lui restituait ; car qui ne ferait deux cents lieues pour voir la *Madonna di Foligno !*

Je me remis en route par un beau matin, et j'entrai dans une plaine immense bornée de toutes parts à des distances infinies par des montagnes bleuâtres, sur lesquelles apparaissent des villes et des bourgades toutes blanches ; la route est bordée de villas délicieuses, parfaitement en harmonie avec cette contrée enchanteresse ; et l'on passe sous les murs de Spello, bourgade fortifiée, riche en peintures du Pérugin, et à quelque distance d'Assise, célèbre par son fameux ordre de Saint-François, et plus célèbre pour les artistes, grace à sa cathédrale toute couverte de riches peintures de Giotto.

La métropole de l'ordre, *la chiesa di Sancta Maria degli Angeli*, est au milieu de la plaine déserte, comme une reine abandonnée. Sa coupole, élevée par Bramante, est d'une grande hardiesse, mais je n'ai pu juger du mérite des vastes nefs, car elles étaient encombrées d'échafaudages et de maçons qui semblaient plutôt démolir qu'édifier ou restaurer.

Pérouse, bâtie en amphithéâtre sur une haute montagne, domine un des plus beaux paysages du monde ; la vue, de toutes parts, plonge sur la réalité d'un de ces décors d'opéra faits à grand renfort d'imagination pour les féeries merveilleuses : au sud-est, c'est la Spoletana et toutes les campagnes que nous venons de parcourir, avec de grands horizons de montagnes dans une teinte d'azur ; au midi, la grande vallée de Pérouse sillonnée par le Tibre; et vers le couchant, les côteaux du Trasimène et les bassins d'Arezzo et de Florence. Une végétation superbe couvre cette immense étendue de pays, et l'on commence à revoir des arbres magnifiques, si rares dans l'Italie méridionale.

Pérouse est une ville assez grande, pleine de vieux palais et d'églises. Les architectes n'y dépensèrent pas leur génie, mais en revanche les peintres l'ont comblée de merveilles : le nombre des tableaux précieux qu'elle renferme est infini. Pietro Vanucci, plus connu sous le nom de Pérugin, le maître de Raphaël, brille dans sa ville natale d'un éclat merveilleux. Ou ses compatriotes l'estimaient beaucoup, ou il ne fut point un fils ingrat, car les églises, les couvens, les palais et le fameux *Cambio* sur la place publique, sont remplis de trésors du maître; aussi les heureux Pérusiens, dans leur admiration pour le Vanucci, se bornent-ils à dire : *Nostro Pietro*! — Quel éloge!

C'est à Pérouse que s'écoulèrent les premières années de la vie de jeune homme du Sanzio : c'est là qu'il étudia si ardemment dans l'atelier du vieux Pierre; et j'ai vu quelque part que c'est à la passion qu'il conçut pour une jeune fille de Pérouse, passion qui fut partagée, qu'on doit cette admirable tête si poétique et si naïve tant de fois reproduite par le Vanucci et peinte aussi par Raphaël, à gauche, dans son *Mariage de la Vierge*, qui se trouve dans la galerie de Milan.

J'ai toujours eu un penchant irrésistible pour l'école du Pérugin : ma foi chrétienne se réveille en face de ces anges si candides et si beaux, nageant dans des rayons d'or ou dans l'azur crû des nuages. On sent devant ces vieilles toiles éclatantes qu'une pensée du ciel animait ces sublimes ouvriers, hommes modestes qui croyaient à tout, hormis à leur talent ; et plus on avance dans la vie, plus le doute voltairien s'évanouit, plus l'ame s'épure, devient meilleure, et plus elle veut se rattacher aux croyances célestes. Eh bien, je crois que les saints tableaux d'Ange de Fiésole, du Giotto, du Ghirlandajo, du Buonfiglio, du Pérugin et de la *première manière* de Raphaël, valent mieux pour l'accomplissement de cette œuvre que la faconde hautaine et l'intolérance du plus grand nombre des ministres du culte catholique.

C'est à Pérouse qu'il faut aller pour bien apprécier cette école si pleine de sentiment. Cette qualité est si grande chez ces peintres, qu'elle efface presque la sécheresse habituelle de leur pinceau : c'est là que nos peintres modernes qui nous font de si laids visages devraient aller étudier la beauté physique. Je recommanderai toujours aux voyageurs d'aller à Rome par cette route, de préférence à celle de Sienne et de Viterbe; elle est plus longue, il est vrai, mais combien aussi n'offre-t-elle pas de plus admirables choses!

Pérouse est fort ancienne; c'était une des grandes cités des Étrusques, et sa fondation remonte, selon quelques vieux auteurs, au Troyen Perusio; mais cela nous importe peu. Sous la domination romaine elle soutint de rudes guerres et dut souvent sa conservation à sa position inexpugnable: elle n'est pas aussi riche en ruines romaines que me l'avaient fait espérer les *itinérateurs*, cette race étonnante née en Italie; mais elle est riche en églises et en tableaux de la renaissance de l'art, ce qui vaut beaucoup mieux assurément.

Les habitans de Pérouse sont d'une bonté et d'une urbanité extrêmes : on voit qu'on est déjà chez les Étrusques, ce peuple qui, malgré de longues dominations et de cruelles vicissitudes, a conservé un si noble caractère. Les races y sont fort belles : les femmes des hautes classes surtout sont remarquables par la fraîcheur de leur carnation; les hommes semblent fiers, et tous portent la moustache et la barbe à l'espagnole, singularité qu'on ne retrouve nulle part en Italie.

Je quittai cette charmante ville qui mérite toute l'attention des artistes, et je me dirigeai par un pays délicieux vers le lac de Trasimène.

Je voulus marcher à pied dans le défilé célèbre; cela surprit le marquis de Laval, mon compagnon de voyage. — C'est ici qu'Annibal vainquit le consul Flaminius, lui dis-je, et vraiment je crois que je ne pense pas à cette sanglante bataille sans éprouver une émotion extrême; puis, dans ma jeunesse, Alexandre-le-Grand et Annibal étaient mes deux gloires de prédilection. Il descendit aussi, et nous examinâmes curieusement ces lieux qui avaient été baignés de sang.

La forêt de chênes existe toujours, et, vers le sud, la vue plonge sur l'immense lac et sur ses îles charmantes où l'on voit de belles villas.

Un terrible orage avait éclaté l'avant-veille sur le lac ; ses vagues accouraient encore au rivage presque menaçantes, et les cloches d'une campanille sonnaient le glas de la mort, car un affreux malheur avait frappé d'épouvante les habitans de cette contrée. Une grande barque, dans laquelle se trouvaient trois bons vieux religieux et quelques autres personnes, avait chaviré au milieu du lac, et tous étaient morts. Le village dans lequel nous relayâmes était en proie à une stupeur inouie; la consternation se lisait sur tous les visages.

Nous nous éloignâmes rapidement : le soleil éclairait alors cette grande masse d'eaux transparentes, encaissée au milieu d'un pays si délicieux, et je retournai souvent la tête vers ce lieu célèbre en murmurant quelques paroles :

Adieu, beau Trasimène : un jour, dans les âges écoulés, tes vagues bleues furent teintes du sang le plus pur des fils de

Rome, ta souveraine; les soldats de Carthage foulèrent tes beaux rivages, et les échos de tes forêts redirent cent fois les plaintes amères des frères de Flaminius. — Et le silence du désert passa; et tes champs refleurirent, comme si la destruction n'eût pas plané au dessus de ta surface. — Tu ressembles au diamant superbe qui ne garde nulle souillure: hier, tes ondes se creusaient à de grandes profondeurs, obéissant au caprice terrible de la tempête; elles ont englouti des ames humaines, de nobles créatures de Dieu... Une foule consternée accourait sur tes grèves dangereuses, afin de rappeler à la vie ces êtres que tu ballottais avec tant de furie depuis de longues heures. Vaine espérance!... Aujourd'hui le soleil te prodigue ses rayons de lumière; tes îles sont vertes et riantes, tes bords sont frais et parfumés: voilà tes flots qui s'endorment, et les jeunes Étrusques qui, oubliant le péril, vont abandonner à tes abîmes leurs membres délicats et pleins de souplesse. Ah! merveilleux lac, que tu offres bien l'image des joies et des misères de la vie!...

Adieu, beau Trasimène, champs des sanglantes mêlées, adieu!

Nous entrâmes bientôt sur le territoire de la bienheureuse Toscane, la reine des états libres. On a reproché à un voyageur illustre d'avoir augmenté son admiration à chaque site qu'il décrivait; au risque d'encourir le même reproche, j'agirai ainsi à propos de cette contrée de l'Étrurie; depuis la vallée de Palerme, je n'avais rien vu de si enchanteur, de si poétique; c'est un merveilleux paysage, le plus beau de l'Italie; et je ne crois pas que cette admiration puisse être contestée; quel est le voyageur qui ne regrette cette immense étendue de plaines, de prairies et de collines, appelée la vallée de Chiana? ce ne sont que champs aux riches moissons, que vignes courant en longues guirlandes aux rameaux des ormes et des saules, que maisonnettes charmantes masquées sous le feuillage des oliviers et des amandiers, que villes blanchissant en amphithéâtre sur le flanc des montagnes. Du Trasimène à Camuscia, de Cortone à Arezzo, et d'Arezzo à Florence, c'est partout même beauté.

C'était au reste le centre de la domination des Etrusques. Corytum (Cortone) et Clusium Chiusi) sont là encore pleines des restes de l'art étrusque qui a une grande affinité avec l'art égyptien: c'est à Clusium que résidait le célèbre Porsenna.

Arezzo apparaît au bout du long Val, avec ses hautes murailles surmontées de tours et de campanilles. Arezzo est la patrie des grands hommes:

Pétrarque, le grand Michel-Ange (du val de Chiusi), Mécène, Guy qui trouva les notes de l'harmonie; l'Aretin dont on admire encore le palais public, un petit chef-d'œuvre; Georges Vasari, peintre architecte, historien et sculpteur; le voluptueux Jules III, qui présida le concile de Trente et qui voulut réformer l'Eglise; l'infortuné maréchal d'Ancre Concino-Concini; Redi; et, dans les temps modernes, le vénérable Fossombrone, premier ministre du grand duc de Toscane. Quelle auréole de noms pour la petite ville!

On devine déjà la grace florentine en parcourant les rues montueuses d'Arezzo; les palais sont élégans, les églises brillent d'un luxe extrême et remarquable par son bon goût; le génie toscan se révèle partout. La base de la cathédrale semble remonter à l'art étrusque, et l'intérieur en est gothique. Elle est ornée de tombeaux superbes et d'un fond d'autel en marbre blanc, morceau précieux dû au ciseau du vieux Donatello. Vasari a peint de grandes toiles que les Toscans regardent comme des chefs-d'œuvre ; mais j'ai le malheur de ne pas aimer ce peintre qui n'avait aucun sentiment, qui était toujours faux et théâtral, qui employait à profusion de mauvaises laques qui ont déteint horriblement sur tous ses tableaux : je ne l'aime guère mieux comme architecte; son plus grand mérite, à mon avis, c'est d'avoir consacré quinze volumes pour l'histoire des artistes de l'Italie, ce qui n'est pas une œuvre légère assurément.

Avis aux voyageurs : Une demi-journée vous suffira pour voir Arezzo, ses monumens, sa maison de Pétrarque et son joli jardin public. Arezzo est une ville curieuse; mais l'ennui y vient vite : les femmes n'y sont pas merveilleuses; et si vous voyagez en *chaise de poste*, gardez-vous de descendre à l'*Alberga réale* et d'acheter des poteries étrusques; vous voilà avertis : c'est tout; mais avant de partir pour Florence, buvez à ma santé quelques verres du fameux vin d'Aleatico, cela vous fera trouver plus délicieux encore les pays que l'Arno traverse avant de venir baigner les pieds de marbre de Florence, sa belle et gracieuse souveraine.

—

Florence.

—

Pour se faire une idée de Florence, il faut la voir, cette capitale de la grande république toscane; et, pour en donner une juste idée aux autres, il faudrait écrire un gros volume et l'enrichir de planches nombreuses comme l'abbé de Saint-Non faisait pour ses voyages, mais procéder avec plus d'art. Or ces travaux luxueux sont du ressort de l'imprimerie royale et reviennent de droit au gouvernement, ce qui me forcera de dessiner Florence au trait, n'ayant pas l'auréole d'un titre pompeusement officiel.

Selon le Dante et Villany, Florence, dans l'origine, fut une espèce de caravansérail, de bazar où l'on entreposait des quantités immenses de marchandises destinées au reste de l'Étrurie; les négocians de *Fésola* (Fiésole) y avaient leurs comptoirs, et quand la guerre infestait les plaines, ils abandonnaient leurs hangards et se retranchaient sur leur montagne; mais lorsque les Romains eurent enfin chassé les Carthaginois de l'Italie, et que Rome se fut déclarée souveraine et protectrice de tous ces rivages, le caravansérail et ses vastes bâtimens édifiés en bois, furent brûlés, et les Fésolans, quittant leurs hauteurs, vinrent y fonder une ville.

Cette ville s'appela d'abord Arnina. Ensuite survinrent les guerres civiles de Marius et de Sylla, de César et de Pompée, des meurtriers de César et de ses vengeurs. Le premier, Sylla, envoya des colonies à Fésola, et les Triumvirs, qui s'étaient partagé l'empire après l'accomplissement de leur vengeance, imitèrent son exemple [1].

L'étymologie de Florence est fort obscure. Quelques vieux auteurs l'attribuent à un certain Toscan nommé Florinus; d'autres veulent que son origine remonte plus haut encore, et prétendent qu'elle fut nommée primitivement *Fluentia*, à cause du flux de l'Arno, et ils citent Pline à leur appui, qui dit : *Fluentini præfluenti Arno appositi, insulæ* [2].

C'est sans nul doute une corruption du texte de Pline; car Frontin et Tacite, les contemporains pour ainsi dire du grand naturaliste, parlent de Florence et des Florentins qui, sous le règne de Tibère, se gouvernaient comme les autres cités d'Italie [3].

Mais les étymologies et les étymologistes ne ne nous importent guère; le modeste marché

[1] P. MERULA, *Cosmogr. folio* 890. MACHIAVEL, *Storia di Firenza.*

[2] VID. HONDIUS. *Italiæ particularis.*

[3] MACHIAVEL. *Storia di Firenza.*

d'Arnina, dépossédé de son nom, s'agrandit, et s'appelait Florence au temps du débordement des Huns, des Goths et des Ostrogoths. Ces barbares, involontairement, firent changer les mœurs, les noms et les coutumes ; en détruisant de riches cités, ils furent cause que des cités plus célèbres s'élevèrent. — Si Aquilée, Luni, Populanie, Chiusi, Fésola disparurent, en revanche on vit se fonder Venise, Ferrare et Sienne, et s'accroître rapidement Pise, Gênes, Milan, Bologne et Florence [1].

L'Europe était bouleversée. Rome semblait partager le sort du fabuleux phénix; elle était sans cesse en ruines ou resplendissante. Attila, Totila et Téia; Bélisaire, Narsès et les exarques de Ravenne, promenaient leurs légions dévastatrices d'Afrique en Europe, et d'Europe en Asie : le sol était labouré profondément, et, sur tant de ruines, la papauté allait apparaître menaçante.

[1] MACHIAVEL. *Storia di Firenza.*

Totila avait rasé Florence; deux cent cinquante ans après, Charlemagne la releva: ce fut le commencement de sa haute fortune. Puis, après les successeurs du grand Karl, elle passa tour à tour au pouvoir des Bérengers et des empereurs d'Allemagne, des Guelfes et des Gibelins, des blancs et des noirs; et de factions en factions, elle vint tomber en esclave aux pieds des illustres Médicis.

Un mot sur l'origine de ces grandes dissensions civiles ne sera sans doute pas déplacé ici, et d'ailleurs c'est l'œuvre du plus célèbre écrivain politique des Florentins :

— Les Buondelmonte et les Uberti étaient au premier rang parmi les plus puissantes familles de Florence. Les Donati et les Amidei venaient ensuite. Il y avait dans la maison des Donati une veuve fort riche qui possédait une fille d'une extrême beauté. Elle la destinait à un charmant cavalier, riche, jeune, et le chef de la maison des Buondelmonte. Soit par négligence, ou soit qu'elle pensât qu'il était toujours temps, elle n'avait rien dit encore de son dessein lorsque le jeune cavalier donna parole aux Amidei d'épouser une de leurs filles. La dame en eut un vif chagrin. Mais, comptant sur les charmes de sa fille, elle ne désespéra pas de faire rompre ce projet de mariage. Un jour, voyant Buondelmonte qui venait seul vers sa maison, elle descendit, ayant sa fille à ses côtés. Quand le chevalier passa, elle le fit arrêter et lui dit : *Je vous fais compliment d'avoir choisi une épouse; cependant voici celle que je vous gardais.* Et elle souleva le voile qui couvrait les traits de sa fille. Buondelmonte, à la vue de tant de charmes, et considérant d'ailleurs qu'il ne perdait rien au change, ni du côté de la fortune, ni sous le rapport de la naissance, fut tellement épris, que, sans considérer qu'il avait engagé sa foi, et que son infidélité devenait une insulte qui pouvait avoir des suites terribles, répondit sans hésiter : — *Puisque vous me la gardiez, et que je suis encore libre, je serais un ingrat si je la refusais*; et le mariage s'accomplit. Les Amidei et les Uberti, unis par des alliances, en furent également indignés. Les deux familles s'assemblèrent avec tous les parens, et résolurent que c'était une injure qu'on ne pouvait pardonner sans lâcheté, ni venger que par la mort du coupable. On méprisa les avis des plus sages qui voulaient qu'on restât tranquille. Mosca Lamberti ajouta qu'à trop penser l'on ne fait rien, et cita ce proverbe vulgaire : *Quand la chose est faite, tout est dit.* Mosca, Stiatta Uberti, Lambertuccio Amidei et Odéric Fifanti, furent chargés de la vengeance.

Le jour de Pâques, ils se postèrent dans les maisons des Amidei, qui sont entre le vieux pont et Saint-Étienne. Buondelmonte, qui croyait qu'on oublie un outrage comme on manquait à sa parole, venant à passer monté sur un cheval blanc, fut attaqué et tué à la descente du pont, au pied d'une statue de Mars.

Ce fut le signal de la discorde. Toute la ville se partagea entre les Buondelmonte et les Uberti. On se fit la guerre dans la ville, dans la plaine, dans les châteaux; c'était horrible. Ce fut un flux et reflux jusqu'au temps de Frédéric II, roi de Naples, qui se déclara pour les Uberti et chassa les Buondelmonte. Ainsi Florence, comme le reste de l'Italie, fut divisée en Guelfes et en Gibelins [1].

Tout cela dura de longues années; le fer et le feu régnaient tour à tour, et la république était expirante sous la furie de ses citoyens, lorsque Cosme de Médicis apparut, rétablit l'ordre, et dota Florence des chefs-d'œuvre que nous allons admirer chaque jour.

Dans son genre, Florence est une ville unique; l'Italie du moyen-âge la surnomma LA BELLE; et les artistes modernes doivent ajouter encore à cette épithète celle de *merveilleuse* qu'elle mérite si bien.

Un homme enthousiaste des arts et de la vie des voyages devrait partager la saison d'hiver entre Rome, le golfe de Naples et Palerme, belles

[1] MACHIAVEL. *Storia di Firenza.*

et voluptueuses cités, édifiées sous un si beau ciel, baignées par des mers si poétiques; l'automne devrait le trouver en face de tes merveilles et courant en gondole sur tes lagunes vertes, ô reine de l'Adriatique, superbe Venise! Paris, le centre de l'Europe civilisée, Paris, devenu le sanctuaire des arts depuis que l'Italie a laissé tomber son sceptre, Paris serait l'oasis fortunée du printemps, et la tendre et amoureuse Florence, la souveraine enchanteresse de la riche Étrurie, charmerait sa vie pendant les chaleurs de la saison d'été. Un jeune poète, assez riche pour vivre d'une pareille vie, serait plus qu'un simple mortel.

Les Toscans m'avaient réconcilié avec les peuples de l'Italie méridionale. Leurs mœurs douces, élégantes, leur probité, leur urbanité, me semblaient choses délicieuses après toutes les tracasseries que j'avais subies ailleurs. Ensuite le gouvernement du grand-duc Léopold II est si noble, si plein de tolérance et de liberté qu'on se croit transporté tout à coup au milieu de notre France, l'état le plus libre assurément de toute l'Europe, hormis l'Angleterre, qui est une nation à part. Le grand-duc est adoré ; il vit en bourgeois, comme le roi de France voulait vivre en 1830, et comme il aurait vécu, je crois, si on l'eût laissé faire ; mais autres temps, autres choses. Un étranger ne sait jamais ce que c'est qu'une vexation en Toscane ; la police y est polie, chose rare, et gratuite pour les étrangers, rareté plus grande ; les *Vetturini*, voleurs partout, le sont moins en Toscane ; les voyageurs y sont honorés et respectés ; et le grand-duc comprend sa position envers les artistes mieux encore peut-être que Louis-Philippe qui encourage beaucoup les arts, ce qui est incontestable.—Léopold II fait et fait faire les honneurs de ses merveilleuses galeries avec un désintéressement que devraient bien imiter quelques princes à la tête desquels on doit placer Ferdinand, le *grand* roi de Naples.

L'aspect intérieur de Florence me causa une surprise extrême. On retrouve à chaque pas la cité des guerres civiles ; de hautes tours crénelées partout, de longues rues bordées de maisons massives avec de fortes grilles en fer; des palais qui ressemblent à des forteresses, et des forteresses qui ressemblent à des palais; des églises somptueuses toutes de marbre; des places publiques avec des statues, et quelles statues! sorties du ciseau de Michel-Ange, de Bandinelli, de Jean de Bologne, de Benvenuto Cellini; et les cours, les cloîtres des monastères, les façades des maisons, tout cela est peint et non barbouillé de blanc et de jaune, comme chez nous, non; ce sont des chefs-d'œuvre d'Ange de Fiésole, du Giotto, du Ghirlandajo, du Sarto, tout cela en plein vent et à la pluie battante; — et c'est le Baptistère avec ses mosaïques du bas-empire et ses portes ciselées par Ghiberti, les merveilles de la ciselure! Et c'est la campanille du Giotto, isolée et splendide, toute de marbre blanc, rouge et noir, un bijou haut de huit ou neuf étages gothiques; puis vient le vieux Palais Ducal avec sa bizarre architecture et les écussons des Médicis sous ses redoutables machicoulis; sa porte fameuse avec le David colossal de Michel-Ange et l'Hercule de Bandinelli. En face, c'est la *Loggia de' Lanzi* avec ses ornemens inouis ; la Judith en bronze du Donatello, le restaurateur de la sculpture, qui forma tous ces grands artistes du XVe siècle ; sous l'autre arcade du couchant est le célèbre Persée de Cellini, dont le piédestal est encore un chef-d'œuvre : à côté on voit un lion rugissant ; il porte le nom du consul Flaminius qui le rapporta de la Grèce; plus loin, c'est l'enlèvement d'une sabine de Jean de Bologne ; six statues romaines sont debout sous la tribune des grands républicains toscans ; à l'autre extrémité de la place est la belle fontaine de l'Ammanato, et la statue équestre de Cosme de Médicis, le père de la patrie, jetée en bronze par Bologna, et partout des merveilles, et un peuple charmant, et des femmes enchanteresses, et toujours du plaisir. — Voilà un petit coin de Florence !

Le premier jour de mon arrivée dans cette ville célèbre, j'allai visiter la fameuse galerie du palais Pitti, le palais du souverain, ouvert chaque jour à tout venant; j'y retrouvai un avocat de Turin, de mes amis, qui me raconta une charmante anecdote qui lui était arrivée le matin même : n'étant jamais venu à Florence, il monte au palais Pitti, s'égare à droite dans les salles et se trouve en face d'un monsieur fort simplement vêtu auquel il demande dans quelle direction se trouve la grande galerie; — attendez-moi un instant, monsieur, répliqua l'inconnu, et je vais vous y conduire; et laissant là ses papiers, il marche avec mon ami, lui fait admirer en passant quelques tableaux, et s'arrêtant dans la première salle où se trouvent deux admirables marines de Salvator Rosa, il lui dit : — Que pensez-vous de ces deux toiles? Et comment trouvez-vous ces portraits d'Agnolo Doni et de sa femme peints par Raphaël? Ce n'est pas sans peine *que je les ai achetés ;* et mon avocat d'ouvrir de grands yeux, croyant avoir pour cicerone le puissant directeur de ce musée, le marquis de N***. Il s'incline, remercie et admire. Au moment même survient un capitaine des gardes en grand uniforme qui, la main au tricorne, présente un message à l'inconnu, en l'appelant humblement Altesse; alors mon avocat se confond en excuses et en remercîmens devant le complaisant inconnu qui le salue avec un sourire plein de bienveillance et se retire; il avait eu le grand-duc Léopold pour cicerone. Voilà comme l'heureux souverain de la Toscane règne et gouverne.

Que ces salles du palais Pitti sont donc admirables! Quelle réunion de chefs-d'œuvre! et comme les tableaux y sont soignés, restaurés et conservés; il n'y a que la Toscane qui sache conserver les toiles des grands maîtres; Rome, Naples, Paris et Venise devraient y envoyer des hommes pour étudier le métier de restaurateur d'arts. Si l'on voulait énumérer tout ce qui est beau, il faudrait tout nommer; c'est là qu'est la fameuse *Vierge à la chaise;* les merveilles de Fra Bartholomeo et d'Andrea del Sarto; le portrait de Jules II de la Rovère, deux sublimes

Vierges de Murillo, et le petit tableau de Raphaël, la Vision d'Ézéchiel, qui est une des pages où il me semble qu'il déploya toutes les ressources de son génie. C'est là aussi qu'est la Vénus pudique de Canova, et un petit portrait de Henri II, roi de France, peint par Porbus, qu'on a oublié dans un coin, ne sachant ce que c'est.

Le jardin Boboli, situé derrière le palais Pitti, est d'un dessin gracieux; assurément c'est le plus beau de l'Italie; c'est une colline aux larges flancs toute couverte d'immenses allées de grands arbres, ornée avec prodigalité de fontaines jaillissantes et de statues qui ne sont pas toujours superbes; mais, à travers les hauts cyprès, on a des échappées de vue admirables; les côteaux bleus de Fiésole apparaissent au nord avec leurs charmans pins-parasols; il y a cent fonds de paysages comme celui du Décameron de M. Winterhalter qu'on soupçonnait d'être imaginaire; puis, dans la direction du couchant, c'est Florence tout entière, avec ses dômes, ses hautes coupoles, ses tours et ses campanilles, c'est Florence qui s'épanouit comme une reine heureuse dans sa belle et poétique vallée de l'Arno.

Chaque jour, je consacrais trois heures aux deux galeries publiques; celle des Uffizj renferme des masses de merveilles. Il y a une petite rotonde appelée la *Tribune* qui peut suffire à l'éducation d'un peintre et d'un sculpteur; elle renferme la *Vénus de Médicis*, l'*Apollon*, les *Lutteurs*, le *Faune* et le *Rémouleur*. Voilà pour la statuaire. Il y a deux Vierges de Raphaël, et le superbe portrait de sa belle Fornarina, de cette amoureuse qui le fit mourir; le Charles V à cheval, de Wan-Dick, un chef-d'œuvre; du Corrège, la Vierge adorant l'enfant Jésus. — Du Vinci, Hérodiade et sa servante; d'Andréa del Sarto, le chef-d'œuvre de ses chefs-d'œuvre! *La Vierge entre saint François et saint Jean l'évangéliste.* Quelle harmonie de couleur! quelle composition admirable! comme le pinceau merveilleux de l'artiste a glissé sur cette toile et quelle transparence il lui a laissée! En

France, nous ne connaissons pas le *Sarto*, et l'on ne peut bien le connaître que dans les galeries et les cloîtres de Florence. — Puis viennent des Guerchin, des Carrache, des Véronèse, des Guido Reni, des Daniel de Volterre, des Montegna, des Parmesan, des Michel-Ange, et, pour couronner l'œuvre, pour les diamans de cette merveilleuse couronne, les deux Vénus du Titien.

L'une de ces Vénus, celle qui fut, dit-on, la maîtresse d'un duc d'Urbin ou d'un Médicis, est d'une beauté extrême et d'une splendeur de pinceau inouie! le corps nu de cette admirable femme se dessine tout lumineux sur un linceul blanc dans une chambre éclatante de lumière. Titien semble avoir voulu réunir toutes les difficultés de l'art, pour les surmonter avec son génie enchanteur. Que cette femme est divine! comme la volupté jette de la langueur dans ses beaux yeux, et semble faire tressaillir ce corps nu si plein d'attraits! Un jeune collégien ne doit pas voir ce chef-d'œuvre : mais tout artiste doit en faire une copie ; car c'est un grand modèle de dessin, de contours, de grace et de couleur ; c'est, en ce genre, la perfection.

Eh bien, l'école de M. Ingres pense que Titien voyait mal en peignant ainsi, et, pour étayer les raisons qu'elle donne, cette école nous expose au Musée de 1837 des toiles couvertes d'une vapeur gris de perle, et j'ai vu un portrait de femme d'un style passable et dessiné à merveille, il est vrai, mais barbouillé au visage et aux bras d'une libation de gros vin de guinguette. — Et vous dites que *c'est la nature que vous peignez ainsi*, et vous datez cela de Florence qui recèle tant de Titien, de Raphaël, d'Andréa del Sarto, de Fra Bartholomeo ! — Allez, jeunes artistes, détournez-vous un peu de cette voie dans laquelle vous finiriez par vous perdre ; dessinez comme votre maître qui est un grand dessinateur ; mais sachez bien que le Titien et le Giorgione sont les maîtres qu'on doit étudier pour l'harmonie et la poésie de la couleur, qualités qu'un peintre doit aussi placer au premier rang.

La Vénus du Titien me rappelle une anecdote assez plaisante. Le directeur de la galerie est une espèce de grand seigneur qui passe pour ignorant, fourbe et tracassier; c'est peut-être de la calomnie, mais elle est à la mode à Florence comme à Paris, et les choses n'en vont ni pis ni mieux; son nom n'est pas célèbre, mais il peut le devenir; d'ailleurs c'est un dévot personnage que M. le chevalier Ramirez de Montalvo. Il tourmente singulièrement les artistes, leur fait épuiser le vocabulaire des jurons les plus abominables, quand ils le connaissent, et s'en va communier après. Pardonnez-moi ma médisance; mais Florence l'a tant répétée qu'elle est tombée dans le domaine public. Voici l'anecdote: Un artiste, voulant copier la Vénus fameuse, va trouver M. de Montalvo, lui demande la permission (seule chose absurde du musée de Florence peut-être), et le dévot M. de Montalvo de se signer et de dire à l'artiste: « Y tenez-vous bien? — Mais sans doute. — A quoi bon, monsieur (et il s'incline de nouveau); il y a ici mille autres tableaux. — Je désire celui-ci (et M. de Montalvo de s'incliner plus bas). — *Mio caro*, ajoute-t-il d'une voix mielleuse, ne le copiez pas, je vous en prie; tout autre, cela m'est égal, mais celui-là, non, non. — Mais, monsieur le chevalier...—Y pensez-vous bien, *caro*, une femme toute nue et si merveilleusement belle! ne songez-vous pas aux désirs... Oh! je vous en prie, je vous en conjure... C'est affreux, vous me faites pécher. — Puis il signe la permission, et va se confesser. Allez, Basile, vous sentez la fièvre!

Ce fut à Florence que je rencontrai pour la première fois M. Calamatta, graveur célèbre, qui venait consulter M. Ingres à propos de sa belle planche du Vœu de Louis XIII. M. Calamatta était alors abreuvé de dégoûts par les *artistes* de l'Italie; l'envie la plus basse se masquait sous la calomnie pour le dénigrer; et, par le graveur, on voulait arriver jusqu'au peintre. Ces deux grands artistes étaient désolés; Calamatta demeurait silencieux; mais M. Ingres, doué d'un caractère plus irascible, s'écriait avec une énergie dédaigneuse : — Je les laisse maîtres de l'arène, ces géans! et je préfère m'enterrer dans un petit coin que de voir tout cela, car il n'y a plus d'arts. »

Il faut voir la génération actuelle des artistes en Italie! elle brille surtout... par la mauvaise foi envers les artistes des autres nations. L'ignorance la plus grossière, le manque de talent, l'orgueil, voilà ce qui la caractérise. Un jeune Romain me disait un jour : — Vraiment, vous n'avez plus d'artistes. Il n'y a que de mauvais tableaux à l'exposition de la villa Medici. — En vérité, M. le prince, répondis-je piqué, vous n'avez que des hommes à chefs-d'œuvre! vous êtes bien heureux, vous!... Nous autres Français nous avons au premier rang Ingres, Vernet, Decamps, Delacroix, Delaroche, Scheffer, Sigalon, Steuben; nous avons Gigoux [1], les Johan-

[1] M. Gigoux parcourait l'Italie pendant que j'étais en Sicile; il avait entrepris ce voyage afin de se pénétrer davantage du

not, Roqueplan, Huet, Raverat, Dauzats, Gué, Provost-Dumarchais, Gallait, Gudin, les plus gracieux peintres de genre qu'il soit possible de voir. Qu'avez-vous à nous mettre en regard? un Camuccini! un Agricola! voilà pour Rome. Et pour Florence? Benvenuti et M. Sabatelli. Les beaux noms, ma foi! Et pour la sculpture, quand nous nommons David, Pradier, Barye, Elshoëcht; quand l'Académie, qui bout de talent dans votre sein, vous donne Jouffroy et le jeune Briant, vous épelez à grand'peine Canish et Finelli. Allez, à part sa politique qui n'est pas celle de *tous*, la France est une grande

style des grands maîtres florentins qu'il affectionne particulièrement, et aussi pour voir de près ces Romains destinés à figurer dans sa *Cléopâtre essayant les poisons sur les esclaves*; il rentre en France, achève un tableau d'une très-grande dimension et d'un très-grand style, remarquable par les plus brillantes qualités; eh bien! l'on a refusé l'entrée du Louvre à cette belle page!.. L'on a fait une sanglante injure à un artiste déjà célèbre, et la place que devait occuper son œuvre est remplie par d'ignobles portraits ou d'horribles turpitudes. Allez, membres du jury, Vinckelmann du Louvre, le public éclairé vous a mis en regard de l'œuvre bannie, et il a fini par vous oublier pour donner toute son admiration à la Cléopâtre!

nation pour toutes choses. La France d'aujourd'hui est noble et puissante, c'est l'Italie du XVIe siècle que notre France, et mieux que vous elle sait apprécier les grandes gloires de l'Italie, dont vous n'êtes pas les fils; et ses artistes à elle ne voient que le génie de l'art et laissent l'envie impuissante marcher en arrière.

Et voyez comme notre France a adopté vos deux plus célèbres graveurs, Mercuri et Calamatta! Mercuri qui a fait un chef-d'œuvre digne des *Moissonneurs* de Robert, Mercuri qui va bientôt nous donner la *Sainte-Amélie*, un bijou plein d'harmonie, de nuances veloutées, et respirant une grace si enchanteresse! M. Calamatta vient de publier sa planche du *Vœu de Louis XIII*; eh bien! la France ne l'accueille-t-elle pas comme un de ses fils? Mais aussi, avouons qu'il en est bien digne. Comme son œuvre est belle! Il a attaqué cette planche avec une hardiesse et une vigueur de burin étonnantes; tout y est du style le plus noble et du plus grand caractère: le groupe de la Vierge, de l'enfant et des anges, se détachant sur un fond lumineux, est d'une beauté inouie. La grande figure agenouillée de Louis XIII est aussi parfaitement belle. Comme ce cuivre est buriné! Quelles tailles souples et savantes! Quel ensemble harmonieux! Comme la dégradation des teintes atteste chez le graveur une haute science de son art! Cette œuvre est si belle qu'elle ne peut que gagner en l'analysant. La main gauche de la Vierge et celles du roi sont admirables: les draperies en général sont d'un jet magnifique et font sentir la chair; les plis sont largement divisés, et l'on n'y voit pas ces tailles rudes et heurtées, ces masses noires si fréquentes même dans les œuvres des meilleurs graveurs. L'hermine du manteau de Louis XIII est seulement un peu dure; mais la broderie est d'une légèreté délicieuse et se peut comparer à celles des Drevet et des Edelinck, nos grands graveurs français. Toute la partie de la droite de l'estampe est admirable : l'ange qui soutient la draperie est superbe, et, à mon avis, bien préférable à celui de gauche, qui n'est pas aussi correctement dessiné, ainsi que le bras droit du petit chérubin qui soutient le flambeau. Mais à part ces imperfections légères, quelle œuvre capitale! Comme elle est exempte de charlatanisme! Elle est due tout entière à la science rare d'un habile dessinateur et d'un burin exercé. M. Ingres qui hait les moyens extraordinaires, les effets forcés, doit être heureux d'un pareil résultat : son tableau ne peut qu'y gagner, car M. Calamatta, s'il s'est montré pour cette composition un grand dessinateur, n'est pas resté en arrière pour l'harmonie du coloris; il a fait pour le *Vœu de Louis XIII* ce que d'autres graveurs ont fait avant lui pour *Le Poussin*, et les peintres de cette organisation perdent beaucoup moins à la gravure que les Espagnols, les Flamands ou les Vénitiens. En de certaines occasions, le graveur doit suppléer au sentiment qui manque au peintre; car, bien que la précision des contours soit une qualité très-éminente, elle n'est suffisante ni pour la peinture, ni pour la gravure. Aussi, ne puis-je donner trop d'éloges à M. Calamatta pour son œuvre, destinée à orner toutes les collections précieuses, et qui le place très-haut parmi les graveurs célèbres de notre époque.

Florence a de nombreuses églises, et, selon moi, ce sont les plus belles églises de l'Italie. L'architecture en est grandiose, sévère, et s'harmonise bien avec le culte catholique; la lumière y pénètre mystérieusement comme pour imprimer plus de respect à l'homme qui vient prier dans l'enceinte sacrée ou la visiter. L'une a les tombeaux des grands hommes, c'est *Santa-Croce*. Quel temple, mon Dieu! comme il inspire l'admiration! A droite en entrant, c'est le mausolée de Michel-Ange; puis vient celui de Victor Alfieri, le grand poète de la tragédie moderne; plus loin sont ceux du Dante, de Machiavel, de Lanzi et de Bruni Aretin. L'autre nef parallèle contient ceux de Marzuppini, de Galilée et de Filicaja, tous hommes célèbres qui rendirent les plus grands services à la république, et qui, presque tous, furent persécutés par elle. C'est l'histoire de toutes les républiques : l'ingratitude fut leur vice dominant, et souvent elles n'ont eu que des tortures ou des échafauds pour récompenser les grands services rendus à la patrie[1]. Des fresques et des tableaux magnifiques couvrent les murailles de Sainte-Croix, qui a pour rivale en beauté *Santa-Maria-Novella*, que Michel-Ange nommait dans son admiration *la Jeune Mariée*. Il est impossible de se faire une idée de toutes les richesses que ces temples renferment : Ghirlandajo, Giotto, Masaccio, Orgagna, Cigoli, Santi di Tito, André del Sarto, le Bronzino, les ont remplis de peintures, et la sculpture et l'orfèvrerie ne restent pas en arrière : ce ne sont que bas-reliefs précieux, que tombeaux, que crucifix, dont on ne peut guère soupçonner la richesse en France, tant nos églises, même les plus somptueuses, sont mesquines à côté des cent églises de Florence.

Un soir que j'étais allé voir le soleil se cou-

[1] Voy. le IVe chant de Childe-Harold.

cher dans l'Arno, ne me lassant pas d'admirer ses belles eaux tranquilles dans lesquelles se miraient les grands arbres du *Cascine* et la coupole de *San-Spirito*, je revins tout seul, à la nuit tombante, et, passant devant Saint-Laurent, église célèbre qui renferme *Il pensiero* de Michel-Ange, j'arrivai dans la cathédrale avant l'heure de la fermeture; le vaste édifice était désert; les lueurs faibles d'une petite lampe vacillaient à une grande distance, au delà de la coupole merveilleuse de Brunelleschi, comme un point lumineux perdu dans une nuée sombre; mes pas résonnaient sous les immenses voûtes noires, et l'écho seul de mes pas leur répondait : il me semblait que mon ame s'imprégnait d'une foi plus religieuse; tout était solennel et sublime. Je continuais de marcher vers le chœur à pas lents; j'étais troublé; j'avais presque peur : les grandes figures d'azur et de pourpre des vitraux semblaient s'animer, et, quand je sortis de l'enceinte sacrée, de grosses gouttes d'une sueur glacée couvraient mon front. Jamais la vue d'aucun édifice religieux n'avait produit sur moi une impression aussi profonde.

Je ne pouvais me résoudre à quitter cette belle Florence; j'allai de nouveau sur les hauteurs de *San-Miniato* pour l'admirer encore tout entière; quel délicieux panorama! Que cette ville est belle avec ses nombreux édifices et sillonnée par les eaux blanches de son fleuve! M. Provost-Dumarchais a exposé cette année un ravissant petit clair de lune qui rappelle toute la poésie et la grace admirable de Florence, vue des hauteurs de San-Miniato.

—

Volcan des Apennins, Bologne, Ferrare et Venise.

—

Je voulus aller de Florence à Venise. Deux vetturini conduisaient à Bologne une nombreuse caravane; j'en augmentai le nombre, et nous nous engouffrâmes dans la chaîne des Apennins. C'était par un temps affreux; la pluie tombait en fortes ondées depuis trois jours, et le vent du nord, soufflant dans les montagnes, avait terriblement changé en un instant l'état de la température. Nos deux voitures cheminaient tristement dans les gorges étroites, au milieu des rochers, ou sur des scories de volcans éteints depuis quarante siècles : c'était curieux, mais sans beauté. Cette marche dura tout un long jour ; le soir, après le coucher du soleil, nous arrivâmes sur un pic immense, et le paysage prit une teinte lugubre. Sous nos pieds, trois ou quatre vallées profondes se creusaient ; au loin, la chaîne Apennine toute noire, d'autres montagnes boisées, noires aussi, et au dessus des tourbillons de gros nuages noirs : cela ressemblait à de certaines pages du Dante. La tristesse me gagnait fort, je l'avoue, quand la voix du guide se fit entendre toute retentissante : — *Signori, signori, il volcano!* Messieurs, voici le volcan.

Je regardai : à une très-grande distance dans les gorges j'aperçus une grande lueur ; puis des flammes rouges qui vacillaient sous l'impulsion du vent, à peu près comme ces pots remplis d'huile qu'on trouve les soirs d'hiver dans les rues dépavées : c'était le petit volcan de *Monte-*

di-Fò, en fusion continuelle. Nous résolûmes d'y faire une excursion après le souper.

Comme Pietra-Mala est une mauvaise hôtellerie déserte, il arriva que noús ne pûmes trouver de guide : il était alors près de onze heures du soir; la pluie et le vent battaient fortement aux vitres; il faisait un temps affreux. N'importe, je prêchai, j'encourageai mes compagnons de route, et sept d'entre eux consentirent à me suivre; car je m'étais offert pour guide, tant j'avais le désir de voir ce volcan. Nous marchâmes, par des sentiers affreux, au hasard, dans la direction du feu. Après un quart d'heure de marche, nous n'étions plus que quatre ou cinq : on s'appelait dans les ténèbres, on maudissait la pluie, on cherchait le chemin, tandis que les moins curieux regagnaient le misérable village. Enfin, après une demi-heure, je me trouvai seul avec un Ravennois, ancien officier au service de Napoléon. Nous étions alors dans un petit bois, au milieu des plus profondes ténèbres, épuisés de fatigue; l'Italien me dit qu'il n'irait pas plus loin. — Eh bien! j'irai seul, lui dis-je; retournez, comme il vous plaira. Mais je m'étonne qu'un officier de l'empereur recule au moment du triomphe: dans quelques minutes je suis certain que nous verrons le feu. Son amour-propre se piqua: il continua de me suivre; et, au sortir du bois, nous aperçûmes les lueurs du volcan, au sommet d'une colline, à quelque distance. Il nous fallut traverser deux torrens sur des rochers, franchir des précipices, nous retirer à grand' peine des crevasses dont la terre était sillonnée, avant de parvenir sur la petite plate-forme de la colline embrasée.

C'était admirable à cette heure de la nuit, par un temps si pluvieux et si sombre. Une large flamme blanche s'élevait à quelques pieds au dessus d'une surface plane, couverte de pierres blanchâtres, et, à deux ou trois toises autour de ce foyer principal du feu, s'élevaient des centaines de petites flammes bleuâtres, semblables à des lampes d'esprit de vin; les lueurs se projetaient sur les flancs des grandes montagnes noires, et, par cette nuit horrible, faisaient davantage ressortir ce tableau du désert. Nous restâmes là une demi-heure peut-être, fumant nos longues pipes et séchant nos vêtemens. De loin, certes, cette scène devait avoir quelque chose d'étrange. Un amphithéâtre de montagnes arides, un plateau incendié, et au milieu du feu deux hommes enveloppés dans leurs manteaux gris, l'Italien avec sa figure sinistre, et moi avec mon visage pâle, amaigri par la fatigue et par un long voyage : c'était comme une de ces haltes de brigands de la Calabre que Salvator Rosa peignait si bien. Nous essuyâmes pour le retour un ouragan épouvantable. — Quelle horrible nuit, mon Dieu! J'avais satisfait ma curiosité excessive; mais j'avais eu plus de peines pour voir ce reste de volcan ou cet avant-coureur d'une éruption terrible que lors de mes excursions au Vésuve ou à l'Etna. Notre caravane se remit en marche au point du jour, et, quand les premiers rayons du soleil apparurent, nous étions sur la plus haute cime des Apennins. Là, je fus frappé d'un spectacle enchanteur : le ciel avait de légères teintes d'azur ; à une très-grande distance, on distinguait dans la direction de Rimini la ligne verte de l'Adriatique ; les montagnes Apennines élançaient dans les nues leurs larges crêtes, tandis que leurs flancs laissaient voir une riche végétation sur leurs pentes onduleuses : puis, au fond des vallées, sous nos pieds, à une distance de mille mètres, on apercevait des masses énormes de flocons de neige d'une blancheur éblouissante inégalement entassées, qui avaient une splendeur céleste, et contrastaient singulièrement avec la végétation des montagnes qui les dominaient. — Tout cela, c'était des nuages, des vapeurs épaisses que les vents avaient oubliées.

Nous quittâmes la belle Toscane, et nous entrâmes dans la province de Bologne qui n'est pas moins riante. C'était le territoire pontifical; les vexations de la police recommencèrent.

Bologne est une des plus belles villes de l'Italie. Adossée au pied de l'Apennin, elle voit se dérouler devant elle des plaines magnifiques qui s'étendent jusqu'à celles de la Lombardie. L'aspect de l'intérieur me fit éprouver un grand charme : toutes les rues ont de beaux et de longs portiques comme ceux de notre rue de Rivoli ; seulement les portiques de Bologne sont beaucoup plus beaux comme architecture : c'est ainsi que devraient être toutes les villes. En hiver, quand la pluie tombe par torrens, le peuple est à couvert, et ne souffre pas; l'été, cela garantit du soleil. On allègue que ce système rend les boutiques obscures; mais ce sont de mauvaises raisons, à en juger par les magasins resplendissans de la rue de Castiglione, les cafés des Procuraties de Venise, et même ceux qu'on voit dans des rues beaucoup moins larges.

Qu'il y a de charmans palais du XVIe siècle dans Bologne! Quelle gracieuse élégance! quel luxe au dehors! Les églises sont en général beaucoup moins remarquables sous ce point de vue, mais l'intérieur en est richement doté. Les Carrache, Calvart, Guerchin, le Guide, le Dominiquin et l'Albane ont laissé à Bologne une quantité prodigieuse de tableaux ; on en trouve partout. C'est là qu'est la célèbre *Sainte Cécile* de Raphaël, trop connue pour que j'en parle. Dans ce pays, et en général par toute l'Italie, les hommes sont encore si artistes malgré leur décadence, que les préjugés ne font entendre leur voix qu'après celle des arts : ainsi j'ai vu à Bologne, dans une église, une peinture représentant des amours.... oui des amours ! il est vrai que le peintre qui les fit si charmans et si gracieux s'appelait Albane. — En France on serait moins tolérant : mais en France on fait tout ce qu'il est possible pour dégoûter le talent; on jette les plus grandes gloires à bas de leur piédestal, on abreuve de dégoûts amers les hommes les plus éminens. S'il surgit un peintre habile, le premier histrion se *posera* en face de son œuvre et criera partout qu'elle est détestable. N'avons-nous pas vu insulter cent fois les plus hautes réputations? — Mais si les Italiens et les Flamands nous ressemblaient, leurs peintres si justement immortalisés ne seraient tout au plus que *des artistes de quelque habileté!*

Qu'elle a dû être riante dans les temps passés, cette Bologne, quand elle avait ses riches seigneurs, ses peintres fameux et ses écoles de médecine et de science! Aujourd'hui elle se couvre d'un voile de deuil : ce n'est plus la langue harmonieuse de l'Italie qui retentit sous ses beaux portiques, c'est le jargon barbare des Croates, ou la langue germanique; car Bologne la papale est forcée d'endurer le joug d'une forte garnison autrichienne! J'ai peur que la prophétie faite à propos des Musulmans ne vienne un jour frapper les pauvres Italiens, auxquels il ne manque que de bonnes lois et de bons gouvernemens. — Dans bien des soleils, dit cette prophétie, les vrais croyans seront refoulés de l'Europe en Asie par des hommes aux blonds cheveux.

Hélas! nos fils auront-ils la douleur de voir la terre des arts mourir sous la froide Autriche, et Constantinople violée par les Cosaques du Tanaïs, les Baschkirs et les Kamtchadales!...

Comme Bologne crie sous le joug allemand!

comme elle s'indigne! comme elle se débat! Aussi quel accueil gracieux les habitans ne font-ils pas aux Français et aux Anglais! Comme ils choient ces étrangers! Les femmes de Bologne sont en général petites et potelées, pleines de mignardise et de gentillesse: les hommes sont beaux, fiers et guerriers, comme le sont presque toutes les populations des bords de l'Adriatique.

Je recommande à tous les voyageurs de se rendre au faîte de la fameuse tour des Aniselli: c'est une rude ascension, grace à l'escalier formé d'une centaine d'échelles très-peu solides; mais un panorama superbe vous attend là-haut; la vue plonge sur les vastes et fertiles plaines du Bolonais, du Modénois et de la Lombardie. On aperçoit au milieu de ces masses vertes, à des distances infinies, Ferrare, Cento, Modène, et, sous les pieds, la grande ville de Bologne avec ses belles rues et ses portiques magnifiques. Quand j'eus visité le vaste Campo-Santo et les académies, je me rendis à Ferrare.

A ce nom de Ferrare, qui ne se souvient de

l'illustre maison d'Este, de l'Arioste et du Tasse, poètes plus illustres encore qui l'ont immortalisée ! C'est de Ferrare que ce pauvre Tasse partit, tout malade, le cœur brisé, n'ayant à lui que son génie et une gloire contestée, et qu'il se rendit à pied jusqu'à Sorrente, où il ne trouva que misère et de nouvelles amertumes qui le forcèrent à s'en revenir manger le pain noir de la prison du duc d'Este, son cruel Mécène. C'est là qu'on voit l'hôpital de Sainte-Anne et la chambre étroite où fut renfermé le poète que le malheur avait rendu fou. J'ai vu cette année au Musée un petit tableau de cette scène, lorsque Montaigne vient visiter l'illustre affligé, qui fait le plus grand honneur au peintre. M. Gallait y a mis toute la poésie du sentiment et le plus haut talent d'exécution : c'est un petit chef-d'œuvre.

Ferrare est une très-grande et très-belle ville : ses rues larges sont bordées de palais magnifiques et d'églises possédant quelques bons tableaux. Une tristesse mortelle y règne; l'herbe et l'ortie croissent jusque sur les places publiques : les révolutions et le mauvais air l'ont dépeuplée; *une seule* voiture court le soir sur le Corso n'ayant d'autres admirateurs que les bambins désœuvrés. Les hommes passent la journée à la sorbetterie, causant, gesticulant, fumant, politiquant et buvant. Ils laissent le travail aux juifs du Ghetto qui ont mieux conservé leur type que ceux de Rome; et quand les Ferrarais s'agitent, c'est qu'une méchante troupe de baladins vient croasser sur leur beau théâtre, ou qu'une grande cérémonie religieuse a lieu dans leur vieille cathédrale dont la façade étonnante se compose de quatre ordres d'architecture. Hélas! en parcourant cette grande ville, on doit croire qu'il s'est écoulé bien des siècles depuis le jour où l'Arioste lui consacrait ces vers :

O città bene aventurosa...
.... La gloria tua salirà tanto,
Ch' avrai di tutta Italia il pregio e'l vanto.

J'allai visiter la charmante maison de l'illustre poète, mortellement ennuyé de cette ville désolée, et je me hâtai de me rendre à Venise par les fleuves. Mais avant mon départ je pus me convaincre de la mortalité qui règne à Ferrare par les nombreux écriteaux enluminés placardés aux murs de chaque église : il n'y avait pas un mort qui eût dépassé cinquante ans !

Je me rendis à *Ponte di Lago-Scuro* où les quarantaines étaient établies à cause du choléra, et là je reçus de l'administration pontificale une avanie qui mérite d'être racontée, afin qu'à l'avenir d'autres voyageurs soient moins malheureux que moi.

J'avais acquis à Florence des armes antiques et deux tableaux de l'école Toscane primitive. Ils étaient peut-être moins beaux que curieux. Je quitte le territoire florentin pour rentrer dans les états pontificaux. A la douane on visite mes *bagages*, on met des plombs à mes malles et non à mes tableaux ; et comme j'ignorais les coutumes et la *haute moralité* de ce gouvernement tout paternel, je paie et ne demande rien de plus ; et le *governatore* de la douane de me laisser partir sans me délivrer de *bolleta di transite* (le billet de transit). Je traverse Bologne et Ferrare, j'arrive aux confins de l'état pontifical afin de traverser le Pô, et là on me saisit mes tableaux sous prétexte que ce sont des *chefs-d'œuvre achetés dans le territoire du Saint-Père, et comme tels qu'ils ne doivent pas sortir*. J'eus beau montrer la note d'achat, protester sur l'honneur, chose à eux bien inconnue; il me fallut retourner à Ferrare près des trois hautes autorités qui toutes trois étaient absentes, et comme mon passeport était sur la rive vénitienne, je fus forcé d'abandonner mes deux tableaux dans une auberge à la merci du premier venu, et de revenir à franc étrier à *Ponte di Lago-Scuro* pour m'embarquer au coucher du soleil. Le chef de la douane vénitienne sur l'autre rive me dit que plusieurs Anglais avaient été comme moi victimes de cette escroquerie toute cardinale, car elle n'est pas ignorée en haut lieu, et que l'officier de la première douane ne m'avait pas donné de billet de transit qui coûte trois *baïoques* (trois sols), afin qu'on me volât sûrement mes tableaux à l'extrême frontière. Puisque les tableaux ne doivent pas sortir du territoire romain, pourquoi ne pas écrire sur les boutiques de vos brocanteurs : IL EST ICI DÉFENDU AUX ÉTRANGERS D'ACHETER DES TABLEAUX ANTIQUES. Pas n'est besoin de parler des peintures modernes; la vue suffit aux visiteurs : il doit se borner à des estampes, car l'Italie possède encore des graveurs remarquables.

Je sautai dans une barque, assez chagrin de la perte de mon bien, et fort dégoûté de l'administration pontificale, à peu de différence près aussi sordide pour les passeports que celle de Naples composée d'abominables voleurs; et je partis de *Santa-Maria-Maddalena* par la barque courrière qui glisse lentement sur les eaux du Pô et de l'Adige, et vient se jeter, par les canaux de la Brenta, dans les lagunes de Chioggia. Que ce voyage de trente heures me parut long! Comme je maudissais la lenteur de nos pauvres rameurs qui devaient être brisés par la fatigue! Le moindre désir contrarié rend l'homme injuste, et je n'avais d'autre remède pour calmer mon impatience que la bienheureuse pipe turque qui ne suffisait pas toujours. Enfin nous dépassâmes Chioggia, cette ville de mariniers où Robert peignit son dernier tableau, ses pêcheurs de l'Adriatique. Puis ce furent d'autres bourgades, des lagunes qui miraient leurs blanches maisons dans les eaux transparentes, et je commençai à distinguer de hautes colonnes, de nombreuses coupoles et des tours d'une forme étrange qui semblaient sortir du sein des eaux. Le soleil disparaissait derrière les Alpes Juliennes dans un océan de feu et de sang, tandis que de l'autre côté une lune immense sortait de l'Adriatique dans la direction de l'Albanie. Ce spectacle était superbe, et montrait dans sa toute-puissance la grandeur de Dieu. Bientôt la lune s'éleva dans les cieux toute resplendissante, inondant les lagunes de lumière, et ce fut en cet instant que nous entrâmes dans le canal de la Giudecca. C'était vraiment sublime! En face de nous, à une courte distance, la place de Saint-Marc étalait sa magnifique architecture, son palais ducal aux arceaux qui semblaient de la dentelle, sa basilique de Saint-Marc avec ses statues de marbre, ses chevaux de bronze et ses douze coupoles moresques toutes blanches; et ses lions étincelans de dorures, ses deux colonnes de granit, superbes dépouilles de la vieille Grèce, élevées sous la puissance du doge Ziani; et les arcades de ses Procuraties, et la base de sa campanille célèbre.... Puis nous entrâmes dans le grand canal au milieu de nombreuses gondoles qui revenaient d'une fête du Lido, emportant avec une rapidité inouie des Vénitiens et des Vénitiennes faisant retentir dans le silence de la nuit des voix pures et harmonieuses, tandis que les gondoliers se défiaient, et imprimaient à leur frêle embarcation une force étonnante qui la faisait voler sur les eaux comme une hirondelle. La lune semblait jouer au milieu des flots : les palais fuyaient derrière nous comme la marche d'un tourbillon; et quels palais! tout de marbre et de la plus belle architecture moresque et gothique! Et le patron de la barque disait à chaque instant leurs noms : — Là, celui des Foscari; là, des Faliero, des Gradenigo, des Moncenigo; plus loin, c'est Grimani. La courrière s'arrêta rapidement, et l'on nous dit : Messieurs, voici le pont de Rialto, il faut débarquer.

Oh! ce fut pour moi une heure d'enchantement et de féerie! La scène variait de minute en minute : c'était tantôt une gondole qui s'élançait du grand canal dans une issue étroite et obscure, ou bien c'était une société de prêtres, de nobles et de belles Vénitiennes qui apparaissaient sous la porte d'eau du palais, aux lueurs d'une torche, afin de regagner leurs maisons; d'autres fois des sons enchanteurs partaient d'un balcon, semblant suivre notre course sur les ondes à peine agitées. Puis c'étaient de petites rues bruyantes, et partout une admirable architecture, et des coupoles d'églises qui font rêver des mosquées de Constantinople, et de la poésie à rendre poète un algébriste. — Depuis mon enfance je m'étais figuré Venise bien belle; mais après cette soirée je m'aperçus que l'imagination n'avait pas été si loin encore que la réalité ne m'apparut.

Je restai quinze jours à Venise, ayant des admirations à toutes les heures; mais comme je fus forcé d'y revenir deux mois après, je ferai la description de quelques unes de ses merveilles à ce second voyage. Je voulais visiter la Dalmatie, l'Albanie et Constantinople : je procédai à la manière des écoliers, je pris le chemin le plus long; je traversai le Frioul et la Carniole, me dirigeant sur l'Autriche pour redescendre à Trieste.

Le Frioul, la Carniole, Goritz et Trieste.

—

Je quittai Venise par une triste matinée d'octobre ; les longues lagunes étaient chargées d'une brume si épaisse qu'à grand'peine mes yeux pouvaient-ils distinguer du fond de la barque les six rameurs postés à l'avant. Cela m'a privé de voir encore une fois Venise, qui semble s'ensevelir sous ses remparts flottans.

Ma belle Venise !... Que je l'aime cette cité,

dans les âges écoulés si orgueilleuse et si fière, aujourd'hui si triste et si désolée! Depuis que je l'ai vue, je la compare à une reine d'une beauté accomplie, accablée de diamans, d'émeraudes, et couverte d'or. — Une femme provoquant l'envie de toutes les femmes, la plus belle entre les plus belles, et qu'un souffle de mort a subitement glacée.... Aujourd'hui, c'est encore la reine, le chef-d'œuvre; mais la vie manque: l'ame s'est envolée!

On m'a débarqué à Mestre, et je suis parti pour Trévise. Voilà le fief d'un de nos grands ducs militaires: cela rabaisse un peu les rodomontades autrichiennes. Trévise n'a rien de bien remarquable, hormis ses belles rivières et sa basilique; Trévise est une petite ville mal bâtie, entourée de mauvaises murailles que le voyageur traverse en courant; l'artiste, qui ne court pas, doit aller visiter dans le dôme *l'Annonciation de la Vierge* par le Titien, une merveille pour la suavité d'expression, l'attitude, la finesse et la beauté des détails; il y a aussi de très-belles fresques du Pordenone, travail fort rare chez les artistes vénitiens, à cause de l'humidité du climat qui ne leur permettait pas ce genre de peinture; et aussi un petit tableau encombré de figures d'un travail exquis, qui rappellent le style des beaux jours de Paul Véronèse : il porte le nom de F. Dominici, et n'eut pas de plus grands admirateurs que Canova, à qui l'on doit sa conservation.

L'école primitive des Vénitiens a là pour chef *Hyeronimus de Trévise* : Jean Bellini l'imita dans sa jeunesse, séparant de son travail toutefois l'affreuse sécheresse et la crudité de tons du vieil Hyeronimus. Puis viennent des bas-reliefs médiocres du Sansovino, des éternels Bassano, une chapelle souterraine d'architecture romane, et la curiosité ne trouve plus aucun appât dans la cité ducale de Trévise.

J'avais laissé mes bagages à Venise; je partis seul, à pied, comme un étudiant des bords du Rhin : c'était la première fois que je voyageais ainsi, et j'y trouvais du charme. Tout ce pays est d'une gaîté étonnante : c'est une longue haie de grands arbres, d'arbustes et de fleurs; ce ne sont que parcs charmans avec leurs palais, et de petits villages rians disséminés par les vastes plaines.

Après quelques heures de marche, le paysage a pris une grande variété de tons, de formes et de caractère. La haute chaîne des montagnes du Frioul m'est apparue chargée de nuages sur ses crêtes dentelées, et miraculeusement belle de couleur sur ses larges flancs. Toutes ces montagnes cendrées semblaient couvertes d'une légère teinte violette, à travers laquelle perçaient, à de fréquens intervalles, des villages blanchâtres et ces longs sillages étincelans que les torrens tracent l'hiver dans les calcaires marneux. La Piave, rivière large comme un grand fleuve, déchire et morcelle sans cesse la marche Trévisiane : l'été, ce n'est qu'un vaste lit desséché, aride et couvert de cailloux roulés; l'hiver, c'est un fléau dévastateur. Je laissai sur ma gauche une bourgade surmontée d'un château gothique qui attire longuement les regards : c'est le castel de San Salvator ; et, après avoir traversé plusieurs jolis pays ornés de hautes campanilles, à pointe aiguë ou à coupole anguleuse, j'arrivai à Conégliano.

Conégliano est une charmante petite ville bâtie sur le penchant d'une colline couverte d'arbres, qui domine la plaine de Trévise jusqu'à la mer Adriatique : à l'avant et à l'arrière sont les belles montagnes du Frioul, et, située ainsi, je conçois sans peine les délicieux paysages dont le vieux Cima enrichissait ses tableaux, sans sortir de sa ville natale. C'est près de Conégliano que naquit le plus grand statuaire du dernier siècle, Antonio Canova, comte romain, fils d'un pauvre *muratore*, d'un maçon. Cette ville fut aussi le fief ducal d'un soldat de la république française, du vénérable et illustre maréchal Moncey : — Canova et Moncey, deux *gloires aristocratiques*, qui en valent bien d'autres assurément.

Je continuai ma route au milieu de ces populations du Frioul, moitié allemandes et moitié lombardes, d'excellentes gens, aux mœurs naïves et hospitalières. Si j'avais eu un compagnon de voyage, je crois que j'aurais toujours éprouvé de la joie; mais seul, toujours seul, depuis huit mois!...

J'arrivai à Pordenone, vieille ville des confins de la Lombardie vénitienne. Elle est assise au milieu d'un pays riant et fertile; et, vers le nord-est, à une courte distance, elle a pour horizon la belle et haute montagne d'Aviano. Au milieu du jour, cette vue est enchanteresse, surtout si l'on admire ce paysage d'une des rues de la cité, qui sont en général tortueuses, étroites et mal pavées. En revanche, ces rues sont bordées de maisons qui faisaient mes délices. Mais peut-être mon goût est-il bizarre; et cela me fait ressouvenir de l'espèce de mépris suffisant que me prodigua un jour un monsieur devant lequel je venais de parler avec enthousiasme des vieilles rues d'Ulm et de Nuremberg. Telles sont les maisons que je trouve charmantes :

Les rez-de-chaussée forment de longs portiques destinés à préserver de la pluie ou de la boue, durant l'hiver, tandis que l'été ils garantissent de l'ardeur d'un soleil brûlant. Les étages supérieurs ont de doubles fenêtres à plein-cintre, séparées par une courte colonnette qui laisse reposer les arcs sur d'assez lourdes volutes saillantes, et les parois des murs sont couvertes d'arabesques élégans, ou de fresques, ou de clairs-obscurs exécutés par de très-habiles artistes des XVe et XVIe siècles. Tel est l'aspect de la grande rue de la cité. Il y a de fort belles fresques du Pordenone dans une maison située en face du palais public, un charmant monument dont la base doit dater de 1400, et qui n'a d'autre rival que celui d'Arezzo, sous le rapport de l'originalité.

Et à propos d'originalité, je dois parler du costume des montagnardes d'Aviano. Leur jupe est très-courte, presque scandaleuse, grise ou rouge, avec deux rangs de velours noir et vert dans le bas, laissant fort à découvert de grosses jambes et des pieds de Romaines chaussés de sabots à la poulaine, capables de contourner des jambes de fer. Leur taille toute plate est enfermée dans un corset de bure noire, d'où tombe une écharpe de même couleur. Les manches de la chemise sont d'une ampleur qui se plisse au gré du peintre, et sur leur tête elles portent, incliné à demi, un petit chapeau de paille fort pointu, orné d'une cocarde verte ou violette, et de bon nombre de rubans de toutes couleurs, qui se mêlent quelquefois sur le cou à deux grosses tresses de cheveux emprisonnés dans une étoffe blanchâtre. Certainement si Jules David, ce charmant peintre de genre, se fût trouvé comme moi à la foire de Pordenone, il n'est pas douteux qu'il n'eût dessiné quelque scène fort originale.

Cette diversité de costumes et de langage qui souvent annonce d'autres mœurs n'est pas, je crois, le moindre plaisir que goûte un voyageur dans de longues courses : c'est la vie qui passe avec mille variétés ; c'est comme un coucher de soleil dans la mer par un temps d'orage. Chaque minute qui s'écoule donne aux nuages, ces montagnes du ciel, de nouvelles teintes et de nouvelles formes. Assurément, c'est plus poétique et plus plein de distractions qu'un soleil qui se perd dans les eaux sous un horizon tout blanc. Aussi, depuis deux semaines, il me semble que je quintuple mes jours.

Pour la première fois, j'ai vu le Tagliamento, fleuve effrayant, qui vient avec rapidité des montagnes du Frioul. L'hiver ce doit être une masse d'eau extraordinaire. Son lit, largement desséché, ressemble à une plaine immense; je l'ai traversé sur un pont de bois, et, si je ne me trompe, il a cinq cent onze lisses qui peuvent faire environ quatre mille pieds de France. Quand on voit la rapidité avec laquelle s'écoule ce qui lui reste d'eau après une saison absorbante, on ne doit pas songer sans crainte aux ravages qu'il doit faire au temps des pluies, ou lors de la fonte des neiges que rien n'arrête sur ces grandes montagnes grises toutes pelées.

Udine. Octobre.

Jamais voyageur ne se mit en route d'une manière plus pittoresque que je ne l'ai fait durant cette excursion nouvelle. Il ne me manque plus, pour être en tout digne du célèbre capitaine Mawbray, le vainqueur à demi fabuleux des crocodiles, que d'enfourcher un ou deux de ces singuliers amphibies et de courir pieds nus par les chemins. Il y a quatre jours, j'étais en barque, puis en diligence, le lendemain en poste, le surlendemain à cheval, hier et aujourd'hui à pied, et demain je serai sur l'humble et lourd chariot d'un brave hongrois non moins lourd. Certes, tout cela est fort peu fashionable; la fashion est l'ennemie mortelle des inégalités; il lui faut de l'ennui au bois de Boulogne, depuis midi jusqu'à trois heures; deux heures pour dîner, bâiller et fumer au boulevart Italien, et, le soir, loge à l'Opéra pour ne rien entendre; voilà la vie des *lions* qui mènent vie joyeuse, en admettant que joie il y ait.

Udine rappelle singulièrement l'aspect architectural de Bologne. Chaque rue a ses portiques; mais ceux d'Udine, s'ils sont plus larges que ceux de Bologne, ne réunissent pas la même élégance. Ils sont de tous les ordres : le plein-cintre suit immédiatement une ogive mal coupée, et souvent, en face ou à côté, le cintre surbaissé, non le cintre gracieux des devanciers de Philibert-de-Lorme, mais un tiers de cercle tout barbare, continue la ligne droite du fronton grec. J'avoue que toutes ces arcades, si bizarrement inégales, m'ont déplu, parce qu'elles détruisent la grace et la belle perspective qu'ont toujours les longues galeries.

Là, j'ai commencé à voir des églises aux coupoles d'étain, luisant au soleil. Cela annonce la Hongrie dont on s'approche. Mais tout l'art des églises est renfermé dans ces coupoles, car presque toutes ont été bâties par ces *merveilleux maçons* du XVIIe siècle, dont les façades ne ressemblent pas mal à ces petits temples en sucre ou en pâte qui servent d'enseigne à nos confiseurs et à nos pâtissiers. La cathédrale d'Udine a dû être extrêmement belle; mais les singes de Palladio l'ont gâtée dans le dernier siècle; ils l'ont faite *jolie*, et sur sa base du XIIIe siècle et sa campanille romane du XIIe les Érostrate au marteau ont placé des frontons grecs *italianisés* et d'autres attifailles qui la rendent digne de marcher de pair avec toutes les églises de Naples, si bien faites pour servir de modèle au moins architecte de nos pâtissiers!

Mais un peu au-delà de la campanille, en face de deux colonnes érigées à d'anciens rois de Hongrie, on oublie cet acte inoui de vandalisme, quand l'œil s'arrête sur une loge à laquelle on arrive par trois escaliers formés seulement de quelques degrés. C'est un bâtiment carré de la plus belle architecture gothique du XIVe siècle, dont l'étage supérieur repose sur une colonnade en pierre d'Istrie. Cette loge seule vaut le voyage d'Udine. La peinture n'y est pas dignement représentée; on voit que là est l'extrême frontière de l'Italie; que là commence l'Autriche qui n'est guère artiste. Cependant Léonard Mattei,

Jean d'Udine, et, je crois, Victor Carpathius, sont des enfans de cette ville; je fis de longues recherches afin de découvrir quelque œuvre de ces vieux maîtres, et je ne pus trouver qu'une toile mutilée du Carpathius, et, à l'*Ospedale*, un superbe tableau sur bois de Jean d'Udine, représentant la Vierge reçue au ciel par le Tout-Puissant.

Tout ce pays est admirablement beau. Les plaines s'élargissent, et la grande chaîne de montagnes s'éloigne vers l'est dans la direction de Vienne; l'Isonzo, un petit fleuve, déchire ces plaines et les submerge quelquefois, à cause de ses nombreux détours, et va se jeter dans le golfe de Trieste, non loin des ruines de l'antique et somptueuse Aquilée.

J'arrivai dans la Carniole par une belle après-dînée, et tout m'apparut sous de nouveaux aspects. Le pays était coupé de collines couvertes de vignes et de champs de maïs; les maisonnettes des paysans n'avaient plus l'élégance de celles de l'Italie; les poteaux des chemins portaient des inscriptions en langue germanique, et les hommes de cette contrée étaient tous vêtus d'une ample veste blanche bordée de rouge, de culottes en siamoise à raies bleues, et leur visage était ombragé par un feutre rond à larges bords. Somme toute, c'était assez curieux. Le jour suivant, je dépassai Gradisca, petite ville de guerre, qui semble enfouie sous ses fortifications, et plusieurs autres bourgades assez belles dont mon brave Hongrois ne put me dire les noms; puis nous entrâmes dans une grande gorge fort pittoresque, et du sommet d'un mamelon de colline je découvris un immense amphithéâtre, couronné dans la direction de l'Allemagne par de grandes montagnes arides et à une distance infinie dans un horizon violacé, je vis poindre une ville blanche, partie au pied d'une colline et partie sur son flanc méridional : c'était Goritz, la nouvelle patrie des princes exilés!

—

UNE AVENTURE A GORITZ.

La petite ville carnioline était toute en émoi, à cause de ses nouveaux et illustres réfugiés. J'y arrivai par le plus magnifique orage que j'aie vu de ma vie : le ciel était sillonné d'éclairs effrayans, et à la suite d'un tonnerre prolongé succéda une pluie diluvienne. C'était un temps peu propice pour bivouaquer en plein air, et cependant ce ne fut qu'à grand' peine que je pus m'en dispenser. Monseigneur de Latil et quelques officiers supérieurs s'étaient provisoirement établis aux *Trois Couronnes*, où nul voyageur ne pouvait obtenir un lit, et l'autre hôtellerie de la petite ville était encombrée de Triestins et d'habitans de Laybach, qui étaient accourus ce soir-là à Goritz pour entendre un opéra de Rossini ; car, à cause de la présence des princes, on jouait un opéra.

Le lendemain, de bonne heure, j'allai visiter la ville qui est toute riante. Elle compte à peine six mille habitans : ses rues sont tortueuses, presque toutes d'une pente rapide, et les maisons qui les bordent sont d'une propreté minutieuse. Il y a quelques hôtels élégans, et l'église *des Jésuites, dédiée à saint Ignace de Loyola*, n'est guère remarquable que par ses deux campanilles carrées, à coupoles d'étain, d'une forme toute hongroise ou russienne. La cathédrale est antique et d'une architecture bizarre. Il y avait ce jour-là un grand service ; car l'archevêque officiait, entouré de tout son chapitre.

Je me promenais au hasard par la ville, examinant avec curiosité les costumes bizarres des montagnards de la Carniole qui se trouvaient au marché ; j'en dessinai un, et je continuai ma promenade silencieuse. J'avais déjà passé deux fois devant un hôtel fort simple, à un seul étage, lorsqu'une grand'garde attira mon attention :

je m'arrêtai, et bientôt une dame vint quelques secondes au balcon. Ses traits étaient fatigués, abattus ; je la reconnus sans peine ; c'était madame la Dauphine ; son visage austère a pris encore dans l'exil une expression plus hautaine et plus fière : on voit que de grands revers ont brisé cette ame noble et flétri des traits qui furent si beaux. Le duc d'Angoulême était à une fenêtre éloignée, regardant les paysans. Comme je ne l'avais vu qu'une seule fois et que j'étais fort jeune, je ne le reconnus pas au premier coup d'œil : il me sembla qu'il avait beaucoup vieilli ; son front était largement découvert, quelques mèches de cheveux blancs flottaient sur le sommet de sa tête ; et, soit que ce fût la disposition de mon esprit, soit que la cause dût en être attribuée à ses malheurs, je trouvai l'expression de son visage plus noble et plus empreinte de dignité. Je portais alors un costume de chasse fort étranger à ces contrées ; cela attira son attention : il m'examina curieusement et vit bien que j'étais Français : je me découvris et le saluai avec respect; il me rendit mon salut de la main et sourit : ce sourire était amer et plein d'angoisse! Je le saluai encore et je m'éloignai en plaignant une si grande infortune. Le prince se retira aussitôt de la fenêtre, et je continuai d'explorer les rues de Goritz. Comme je savais qu'un souvenir de ces lieux causerait une grande joie à mon retour, je revins pour dessiner la modeste demeure des princes exilés et la petite place du marché. A peine eus-je donné quelques coups de crayon, qu'une nuée de mouchards autrichiens m'entourèrent et me demandèrent en Allemand pourquoi je dessinais? qui j'étais? si j'avais un passeport? Je leur répondis en Italien que je ne savais pas l'Allemand. Ils recommencèrent en *crinolien* (langage barbare de la Carniole, mélange d'italien corrompu, de slave et d'allemand) : je ne compris pas davantage; et comme j'avais satisfait la veille aux exigences de la soupçonneuse police autrichienne, j'envoyai ses mouchards subalternes au diable : mais un *monsieur* vint poliment me dire en italien qu'il me fallait le suivre au palais du gouvernement.

La chose devenait sérieuse. — Pourquoi êtes-vous venu à Goritz? pourquoi dessinez-vous? *quel est votre caractère?* et mille autres questions insidieuses en mauvais italien que je comprenais à peine. On feuilleta cent fois mon album, on parlait de me jeter en prison et d'écrire à Vienne et à Paris; ce qui me fit prier le gouverneur de me parler en français ou en bon italien, afin que je puisse lui répondre avec moins de peine: mais il me dit qu'il ne savait pas la langue française. Enfin, après une inquisition fort longue, on me donna une demi-heure pour quitter Goritz, et l'on me dit de prendre le chemin de Leybach. — Je me rends à Trieste, messieurs, leur répondis-je, afin d'aller à Constantinople par la Dalmatie. — Je désire qu'on vous laisse passer, me repartit un de ces employés *en très-bon français*.

Ce misérable subterfuge me fit sourire de pitié, et je leur dis avec colère en me retirant:

— Quand un étranger vient en France, on lui parle dans sa langue maternelle si on la sait, et l'administration facilite les savans de toutes les nations dans leurs recherches : un étranger est plus sacré peut-être qu'un citoyen; et si à la tête du gouvernement français se trouvaient des hommes qui représentassent l'immense majorité du caractère de la nation, l'Autriche se garderait bien de nous faire subir d'aussi indignes vexations!

Je fis d'amères réflexions sur le rôle qu'une misérable coterie politique nous fait jouer aux yeux de l'Europe; et malgré la police de Goritz je visitai les collines charmantes des alentours, le château pittoresque qui domine la ville, et je pris la route de Montfalcone.

J'eus une escorte d'honneur, deux soldats de la police, jusqu'à ma sortie; et quand ces argoulets m'eurent abandonné, je pus considérer à loisir la jolie petite ville, riante et parfumée comme une matinée du printemps. Elle s'étendait sur les flancs de sa verte colline, à l'ombre de son château antique, et les coupoles étranges de ses églises étincelaient au soleil à travers des massifs de cyprès qui me firent faire des réflexions superstitieuses à cause des circonstances. — Deux mois après mon passage à Goritz, le vieux roi proscrit vint y finir une longue vie d'orages et toute semée de douleurs!....

Je traversai de nouveau l'Isonzo et je m'engouffrai dans les affreuses et arides montagnes de l'Istrie. Ce ne sont que gorges profondes, que rochers brisés, que bruyères désertes. Je parcourus seul, à pied, cette triste contrée : quelquefois je rencontrais des paysans déguenillés, à demi sauvages, qui me regardaient d'un air farouche, ou de petits pâtres qui s'enfuyaient dans les bruyères à mon approche. Enfin j'atteignis le sommet d'une montagne où se trouvait une misérable bourgade dominant un pays immense. La plaine était belle, couverte de grands arbres, et je distinguais sept ou huit villes et villages. La mer était à l'horizon, et j'aperçus à ma gauche la chaîne dépouillée des montagnes de l'Istrie et un charmant petit lac tout bleu. Enfin, après une journée de cruelles fatigues, j'arrivai à la grande hôtellerie du Lion d'or, à Montefalcone, où, quelques jours auparavant, le vieux chef de la branche aînée des Bourbons, en revenant de la Bohême, s'était arrêté souffrant, et, assis au soleil devant la porte de l'auberge, avait partagé ses deniers aux pauvres Istriens qui s'étaient présentés.

Le jour suivant j'eus un singulier compagnon de voyage : c'était un petit homme trapu, vif, aux yeux gris et fins, au nez recourbé comme le bec d'un oiseau de proie. Il avait couru longtemps sur les mers d'Afrique et d'Asie ; il ne parlait que d'expéditions maritimes fort hasardeuses et semées de périls. — C'était, autant que je pus m'en convaincre, un honorable pirate qui s'était retiré de la mer ; et il jouissait à Trieste d'une charmante Syrienne du Liban, qu'il avait épousée et qui l'avait rendu père d'une petite fille aux longs yeux noirs, à la peau veloutée, et brune comme les voluptueuses vierges de Murillo. Je suis resté un demi-jour avec cet homme, et je n'ai jamais rencontré de plus hardi coquin. Le soleil se couchait quand nous arrivâmes à Castel-Duino, ces vieilles ruines si romantiques qui dominent le golfe; et, nous dirigeant par Santa-Croce et Optschina, nous arrivâmes sur les hauteurs de Trieste à dix heures du soir.

Depuis long-temps les montagnes ne me permettaient plus de voir le golfe; tout à coup je le revis par une nuit superbe, mais sombre : les vagues faiblement agitées scintillaient de mille feux; puis des bourdonnemens confus arrivèrent jusqu'à moi, et vers la gauche j'aperçus plusieurs files de grands édifices blanchâtres qui se miraient dans les ondes, et qui me semblaient du haut de la montagne d'une architecture grandiose et pleine de féerie. Puis c'étaient des globes lumineux à l'infini, des lumières qui vacillaient, et une ville blanche et fantastique assez semblable à ces gravures anglaises d'après Martinn. C'est ainsi que Trieste m'apparut.

—

Voyage en Illyrie.

—

L'Autriche a compris dans le royaume d'Illyrie Trieste, l'Istrie et la Dalmatie, c'est-à-dire tous les rivages de la mer Adriatique, depuis Optschina jusqu'à Bude sur les frontières de la Macédoine. Ce sont assurément les contrées les plus curieuses de l'Europe, maintenant qu'elle est *civilisée*, si l'on considère l'aspect sauvage des

Istriens, des Dalmates, des Monténégrins, des Croates et des Albanais.

Trieste, l'antique Tergeste, est une grande et belle ville de marchands : n'y cherchez pas autre chose ; il n'y a que des marchands. Cette ville se donna en 1382 à la maison d'Autriche qui n'avait point de villes maritimes sur l'Adriatique, et vers 1730 Charles VI lui accorda la franchise de son port ; ce qui a fini par ruiner Venise, quand cette magnifique désolée est devenue la proie des Autrichiens. Toutes les rues, les quais, les canaux sont bordés de maisons superbes : c'est notre rue de la Paix d'une porte à l'autre ; et dans ces larges strada circule sans cesse une foule immense : rien n'est plus bizarre que cette variété de costumes si divers. Là, c'est le marin grec, avec son visage cuivré, son regard de pirate et ses larges pantalons bleus couverts de crasse ; ce sont les grossiers matelots anglais, aux cheveux blonds, à la mine brutale, en regard du marinier de l'Adriatique si légèrement vêtu, avec son caleçon blanc, sa ceinture bleue et son bonnet rouge qui couvre ses longs cheveux noirs : ailleurs, c'est l'Egyptien avec ses mousses de Nubie; plus loin, c'est le Turc marchant gravement; c'est l'Albanais à la fière moustache et aux vêtemens de pourpre et d'or; c'est le brave Hongrois de Fiume, l'ennemi mortel de ses dominateurs, qui échange de durs regards avec le Dalmate de Zara, son voisin, ou le matelot de Raguse, un composé de turc, de dalmate et de monténégrin; ceux-là étalent fièrement leur veste bleue à broderies d'or, leur calotte rouge, leurs larges pantalons noirs à la turque et leur manteau couleur de sang; puis viennent les mariniers et les paysans de l'Istrie. Capo-d'Istria, Pisino, Rovigno et Pola ont aussi leurs représentans. Voilà les Esclavons avec leur coiffure de fourrure tronquée au sommet, leur veste à larges manches et leur culotte noire brodée : les femmes portent toutes la jupe noire, et sur leur tête elles jettent un long châle blanc en forme de bandelette, ce qui leur donne quelque ressemblance avec les

Égyptiennes de l'antique, que nous ont conservées les sculptures des hiéroglyphes.

Aussi est-il peu de villes au monde qui puissent le disputer à Trieste pour l'immense variété de costumes qu'on y voit. Je ne sache guère que Constantinople et Alexandrie.

Je quittai le bel amphithéâtre de Trieste, ces collines couvertes d'une végétation si riche, et je me rendis par les montagnes, et en suivant les dentelures d'un petit golfe, à Capo-d'Istria. On croit que cette ville fut fondée par les Colches qui étaient allés à la recherche des Argonautes. Sous la république romaine elle s'appelait Ægida, et plus tard elle prit celui de Justinopolis, pour honorer Justinien qui l'avait embellie après les conquêtes de Narsès et de Bélisaire. — Mais tous ces embellissemens ont disparu, et la statuette d'un gladiateur et une épitaphe à C. Calpurnius rappellent seules le souvenir de la cité Ionique, conquise par les Romains.

Capo-d'Istria. Octobre.

La moderne Capo-d'Istria est toute vénitienne; ses rues sont tortueuses, étroites à cause du soleil, et sur ses places on voit quelques beaux édifices ornés de portiques. Le palais public, bâti sur les ruines d'un temple consacré à Cybèle, est d'une architecture gothique irrégulière, mais fort originale; le Dôme fut autrefois dans ce style, mais on l'a *palladionisé*. Ces monumens datent de la domination des Vénitiens. Il y a deux ans l'on voyait encore sur la façade du palais des Archives le lion ailé de Saint-Marc; aujourd'hui il gît à terre, dans la boue, exposé au couteau destructeur des enfans. Le symbole de gloire de l'illustre république partage le sort des vaincus, parce qu'une fenêtre de plâtre dut s'ouvrir dans le creux que le bas-relief avait occupé dix siècles! Les Autrichiens tuent l'art; ils laissent pourrir les tableaux de Venise, pour économiser quelques fioles de vernis; et sous l'orgue de Capo-d'Istria, j'ai vu un superbe Carpathius, peint en 1518, qui tombe en lambeaux faute de soins.

Cette ville est charmante d'aspect. Bâtie en amphithéâtre sur une colline réunie à la terre ferme par une longue chaussée qui sert à la fois de route, d'aqueduc souterrain et de mur de séparation aux salines, elle se détache sur la mer entre ses deux promontoires avec une netteté délicieuse. Au levant elle a pour horizon le mont Saint-Pierre et des collines couvertes d'oliviers et d'orangers, au dessus desquelles on aperçoit la crête blanche et pelée des hautes montagnes de l'Istrie. Sur le revers de la ville, le paysage est d'une beauté plus sévère : c'est le grand cap de Canzano tout morcelé par les vagues; c'est l'extrémité de la ville pittoresque de Pisano, et l'immensité de la mer emprisonnée au nord par une falaise grise.

De la terrasse *des Platanes* la vue du golfe est superbe; plus de cinquante navires glissent bien loin sur le grand rideau sombre. Ils vont dans toutes les directions, grace à la science maritime. Les uns arrivent d'Orient courant à pleines voiles vers Trieste, ce hâvre de l'Autriche; d'autres vont porter en Grèce et à Constantinople des marchandises anglaises à bon marché, afin de retenir encore ces peuples dans leur indolence barbare, et retarder chez eux la nécessité de l'industrie, génie civilisateur des temps modernes. Des spéronares, des parencelles, des brigantins à forme allongée, rasent le promontoire, suivent la côte craignant la haute mer, et se dirigent vers Cattaro et Scutari dans l'antique Epire. Tous ces navires, presque semblables, changent de nuances selon qu'ils prennent le vent. Tantôt leurs voiles sont pleines et blanches comme des ailes de cygnes ou d'alcyons, tantôt elles glissent en travers et se colorent d'une teinte grise, ou bien elles s'inclinent comme le vol d'un vautour et semblent disparaître sous les flots; c'est un kaléidoscope sur une échelle immense.

A Capo-d'Istria, et généralement par toute l'Illyrie, commencent, pour les femmes des classes élevées, les rigueurs qu'elles subissent en Turquie, puissance voisine. On a beaucoup parlé de l'espèce de réclusion à laquelle sont condamnées les dames siliciennes; mais j'ai vu fort longuement la Sicile, et je puis assurer qu'elles ont beaucoup plus de liberté que les femmes de l'Illyrie.

Ici une dame ne reçoit pas un homme ; c'est le mari. Elle ne sort jamais seule, et ses promenades se bornent, le soir, à une course au bord de la mer ou sur la chaussée du mont Saint-Pierre, quand le mari n'est pas trop ombrageux; aussi la douce intimité qui fait le charme de notre vie de France est-elle complètement bannie de ce pays. Les réunions y sont fort rares, et l'ennui plus mortel encore que dans une soirée russe. On pense bien qu'un étranger n'y est pas accablé de joie. Quand un Istrien croit devoir fêter quelqu'un, c'est au café. Un jeune baron autrichien, de la haute administration civile, m'a assuré qu'il avait résidé là six mois, et que malgré ses désirs il n'avait pu voir toutes les dames de qualité. Moi je pense qu'en fouillant cette ville on y trouverait un grand nombre d'échelles de corde, et que la cassette du vieux maréchal de Bassompierre, qui contenait plus de six mille lettres d'amour, ne semblerait là qu'un joujou;

Car l'impossible est la gloire des femmes.

Au pied du Monte Mayor, Hongrie.

Au lever du soleil j'ai quitté la capitale de l'Istrie avec le baron autrichien, et nous nous sommes dirigés vers l'intérieur de cette contrée sauvage. A mesure que nous avancions dans les montagnes arides, je sentais naître en moi des regrets : bientôt j'allais me trouver seul, sans secours, sans protection aucune, au milieu d'un pays à demi barbare, aussi plein de périls que la mer de ces rivages l'est d'écueils ; mon cœur s'est oppressé un instant, et j'ai tourné mes regards encore une fois vers la petite ville que je laissais. Elle s'avançait toute blanche entre deux golfes d'azur, semblable en tout aux villes grecques de l'Archipel quand on les voit du sommet des montagnes. La haute aiguille carrée de sa cathédrale brillait au soleil, et se confondait à l'horizon dans le long et beau sillon de l'Adriatique, sur un ciel sans nuages.

Notre voiture est entrée alors dans une gorge de montagnes dont l'aspect effraie. Toute trace de végétation est morte : quelques genévriers bien rabougris, du thym sauvage et des bruyères croissent seuls dans les intervalles des calcaires blancs, quand il s'y trouve une légère couche de cinabre. J'ai déjà dit que cela effraie. Ajoutez au tableau un soldat sur le devant de la chaise de poste, le fusil armé ; puis trois ou quatre contadini aussi armés, pour compléter l'escorte. Ces contadini sont les indigènes qui se relèvent d'une commune à l'autre. Ils portent la chevelure longue et sale, tombant en mèches tournées sur le cou : le sommet de la tête est coiffé d'une petite calotte noire à la mode des Grecs dont ils sont dégénérés ; leur haut-de-chausses est large et court, et ils couvrent leurs épaules d'une espèce de tunique brune avec laquelle ils se drapent dans leur misère d'une façon fort originale.

Ces contadini sont forcés gratuitement à ce service pénible par l'empereur. Ils sont si fiers qu'ils n'acceptent rien du voyageur. Leur offrir est presque une offense. Ignorant cette sévérité de mœurs, je les voulus récompenser ; mais ils me dirent fièrement que ce qui était un service de loyauté ne se payait pas. Pourtant ils murmurent avec raison contre cette coutume arbitraire, et je crois que ces mêmes hommes se paient en masse de ces services forcés de chaque jour. Fréquemment l'unique voiture qui roule dans ces montagnes, exploitée par le gouvernement, est dépouillée; ils tuent le soldat et parfois le postillon, rarement les étrangers. Sur les flancs du mont Mayor, c'est plus périlleux encore, parce que cette haute montagne est infestée par des militaires déserteurs qui n'ont d'autre perspective que la potence [1].

Toute cette journée s'est écoulée à courir dans les montagnes Blanches. Durant un trajet de soixante-dix milles, je n'ai vu que quatre petits

[1] Lorsque j'y étais, il y avait une bande organisée qui désolait ce pays. On me raconta sur les lieux des faits inouis qui annonçaient de la part du chef un caractère très-chevaleresque ; cela ne m'étonna plus, quand les récits des gazettes nous l'eurent dévoilé complètement : ce chef, c'était Schubri !

pays auxquels l'orgueil illyrien a donné droit de cité, ce sont : Porto-Lé, Montona, bâti sur le sommet d'une haute montagne, Codroïpo, village misérable, rouge comme de l'ocre, et la ville de Pisino. Avant d'arriver là, nous avons traversé un pays complètement désert. Le soleil a disparu dans le golfe, et je me suis trouvé seul, mon jeune Autrichien ayant pris un sentier qui conduisait sur le revers des montagnes. Les contadini de cette contrée ayant refusé de servir gratuitement l'empereur, les voyageurs se trouvent fort en péril. Souvent j'apercevais sur la cime d'un roc un ou deux hommes armés d'une longue escopette se dessinant nettement sur le ciel, ou quelquefois d'autres, arrêtés au bord du chemin, dont l'œil sinistre se fixait sur la voiture qui roulait lentement. Plusieurs d'entre eux m'ont dit en dialecte esclavon : Soyez béni, jeune seigneur étranger! Mais ces paroles de paix me rassuraient médiocrement, et, comme mon caporal d'escorte, j'étais toujours prêt à faire feu. Enfin nous avons descendu une demi-heure dans une gorge aussi épouvantable que celle d'Ollioules, en Provence, et nous sommes entrés sans encombre aucune à Pisino.

Pisino est une petite ville située au fond d'une vallée encaissée dans de hautes montagnes. C'est le siège de *l'I. Capitanato Circolare dell' Istria*, dont le pouvoir s'étend jusqu'aux Marches de la Hongrie et de la mer de Dalmatie. Pour un voyageur étranger, rien n'est plus terrible que ces divisions de puissance : si l'ambassadeur ou le commissaire de police a négligé d'orner son passeport d'un visa de douze lignes indiquant tous les royaumes, les provinces, les villes, districts et villages où il veut aller, on l'expulse impitoyablement, ou bien il faut qu'il attende un mois, afin que son passeport soit expédié à Vienne. Oh ! *brave* et *hospitalière* Autriche, vous avez oublié que la bataille de Wagram fut gagnée sous les murailles de Vienne par des Français ! Vous avez oublié que tous nos ducs militaires ont été baptisés sous la mitraille, et qu'ils portent tous le nom de chacune de vos provinces, noms qu'ils ont acquis au tranchant de leur sabre ! Vous avez oublié cela bien vite, *brave* et *hospitalière* Autriche ! Nous vous en ferons peut-être bientôt ressouvenir....

Un torrent roule avec fracas dans la vallée de Pisino ; ses eaux mugissent, et leur bruit se mêle au bruit du vent qui courbe les branches des chênes. Hier soir, j'écoutais cette singulière harmonie, quand tout à coup elle fut rompue par une autre harmonie bien plus douce et plus ravissante : c'étaient des soldats hongrois et croates qui donnaient une sérénade à leur chef, et, quoiqu'ils eussent choisi pour témoigner leur joie une marche funèbre, les accords n'en étaient pas moins enchanteurs. Je me suis endormi aux sons mélodieux que me prodiguaient ces Hongrois, ces fils d'une nation si belliqueuse qui, un jour, s'affranchira de l'Autriche ; et, quand le soleil est apparu, je suis allé voir le lieu où mugissent les eaux. Ma surprise a été fort grande en trouvant au milieu d'une ville un précipice des plus sauvages. C'est un sombre abîme plus affreux d'aspect que la fontaine de Vaucluse ou la *Brèche au Diable* en Normandie. De grands rochers, déchirés d'une manière bizarre, s'élèvent à pic vers le levant; le côté du midi est légèrement incliné, et sur cette pente croissent des cyprès et des chênes, tandis que, du milieu de l'abîme, monte une roche énorme en face de laquelle est une excavation profonde d'où jaillit le torrent.

La ville neuve de Pisino est bâtie au dessus; plusieurs maisons blanchies chaque année, selon la coutume des Orientaux, sont assises au bord sur la roche vive, et l'horizon, vers l'est, à une faible distance, est borné par la haute et belle chaîne du mont Mayor qui sépare l'Istrie de la Hongrie et de la Dalmatie. Je me suis remis en route à travers un pays sévère, mais souvent d'une grande beauté: tous ces paysages, ayant la haute montagne pour horizon et quelques bouquets d'arbres, offrent à chaque instant des trésors au peintre. On ne m'a pas permis d'entrer à Fiume (Hongrie), et il m'a fallu, bon gré mal gré, m'en revenir à Pisino d'où je suis parti pour Parenzo et Rovigno.

Parenzo est une ville ancienne, peu remarquable, réunie à la terre ferme par un isthme étroit, et dont le port, très-profond et très-sûr, est défendu par le rocher de Saint-Nicolas. On prétend que la cathédrale, fort curieuse d'ailleurs, remonte au delà de l'empereur Othon Ier. Je me suis remis en route par les terres, et je suis arrivé dans un village fort sale appelé *villa di Rovigno*. Ce pays a conservé le souvenir de deux grandes dominations, celles des Grecs et des Romains. Plusieurs maisons portent à leur fronton d'anciennes et de nouvelles inscriptions; entre autres je me souviens d'une ainsi conçue:

PARVA SED APTA MIHI.

Assurément, il faut que le propriétaire de ce gynécée ne soit guère difficile; car c'est une bicoque abominable: mais le souvenir des vieux âges y est, et c'est quelque chose.

A chaque instant je rencontrais, par la route, des costumes bien neufs pour moi, qui me faisaient ouvrir de grands yeux étonnés, où devait briller, j'en suis sûr, l'enthousiasme de la curiosité. C'était tantôt un jeune pâtre avec la petite calotte noire et les longs cheveux du moyen-âge, s'enveloppant soigneusement dans une dalmatique romaine. Une autre fois, c'était un fier contadini vêtu de la tunique brune et du haut-de-chausses blanc fortement serré des premiers croisés qui, de l'Allemagne, se dirigèrent par l'Illyrie, la Dalmatie et l'Épire, sur Constantinople : le costume n'a pas changé. Plus loin, passaient des femmes, la tête couverte d'une espèce de turban blanc orné de quatre touffes de fil ou de soie, portant une longue robe découpée à la turque, et une chemise brodée, largement ouverte, qui laissait en partie voir la gorge. Une ceinture garnie de perles d'acier, de cuivre ou d'argent, dessinait mollement leur taille, et pour chaussure elles portaient, comme les hommes, des sandales antiques liées au dessus de la cheville du pied par cent courroies vertes et rouges. Toutes ces peuplades sont merveilleuses de couleur. M. Decamps, dont le nom est si justement célèbre, trouverait là des trésors pour son pinceau. Le paysage est en harmonie avec la population : les horizons sont vastes ; la nature sauvage et pleine de poésie. Ce sont de larges collines incultes, couvertes de bruyères et de calcaires blanchâtres, doucement inclinées, sur lesquelles on aperçoit, à de longues distances, de petits pays qui se dessinent, comme des masses d'ossemens blanchis, sur le revers des grandes montagnes.

Cette nature, désespérante pour l'agriculture, a duré long-temps. Puis je suis entré dans une vallée charmante, au milieu de laquelle s'élève une forêt d'oliviers chargés de fruits, et des vignes qui courent en berceaux jusqu'à la base d'une ville édifiée en amphithéâtre, dominée par un clocher carré, pastiche de la campanille de Saint-Marc, et qui se dessine sur des eaux aussi séduisantes et aussi bleues que l'outremer. Le soleil grandissait à l'horizon ; le ciel n'avait pas un nuage, et nul souffle n'agitait l'air. Toute cette nature alors était riante et parée comme la madone un jour de fête : la joie semblait animer chaque chose ; de jeunes et de vieux pâtres réunis jouaient, à qui mieux mieux, de la cornemuse, et ne s'interrompaient que pour souhaiter au passant un *jour heureux*. Les paysannes revenaient du marché, montées sur leurs ânes, comptant leur gain, ou riant de mon costume qui leur semblait étrange : mais la malice n'entrait pour rien dans ces rires ; car toutes me disaient bien humblement : *Que Dieu vous guide, étranger!* et je leur offrais mille graces en souriant aussi, oubliant presque ma longue solitude en voyant des visages si contens de la vie.

Je suis entré dans la pauvre cité de Rovigno, escorté par une foule avide et curieuse. Dans les pays peu civilisés, les habitans des petits ports valent toujours moins que ceux de l'intérieur des terres. La guerre les fait pirates, en paix ils sont voleurs. Malheur à qui se trouve forcé d'avoir recours à eux ! La misère les ronge, la paresse les dégrade, et ils existent comme ils peuvent du produit de leur sol et de leur pêche. Rovigno, si gracieux d'aspect, est horrible lorsqu'on s'en approche. — C'est une perle au dehors et de la boue au dedans. Les maisons sont noires, lézardées, dégradées; les rues fangeuses, les places encombrées, l'air infect. La fainéantise y courbe les hommes, et les femmes ont *toutes les vertus* que Junéval attribue aux dames romaines dans sa VIe satire, ce stigmate infamant, si sublime et si amer!

Au reste il n'y a pas que l'étranger qui fasse ces remarques; par toute l'Illyrie les habitans de Rovigno sont renommés pour leur *porcherie*, mot qui correspond à la saleté affreuse qu'on reproche aux nomades Zingaris. Je suis parti de cette ville avec joie, mais je n'ai pas quitté sans regret le chemin des oliviers d'où la vue est si belle! Je suis resté long-temps au pied d'une vieille croix, et plus d'une fois mes regards se sont portés en arrière.

A peine a-t-on marché une heure sur la colline qui borde la mer que la nature sauvage de l'Illyrie reprend toute sa force. Un long désert et quelques arbres rabougris sur les montagnes, de grands rochers blancs dont les interstices sont pleins de terre rouge, telle est la végétation. Mais en face on aperçoit cette belle mer dont les ondes ont porté tous les Césars, une mer fertile en grands évènemens, — dont la première vague murmure les noms d'Homère et des Argonautes, et la dernière Napoléon et Navarin!

Plus on avance vers Zara et plus ces parages sont semés d'îles et d'écueils. C'est un labyrinthe inextricable, et les marins ont besoin pour y naviguer de toute la science que donnent l'expérience et l'étude. Malheur au navire étranger que la tempête pousse l'hiver sur ces rivages! Avant d'arriver à Pola, j'ai vu Perroï, colonie de Grecs émigrés; ceux-là sont en général meilleurs que leurs frères de l'Archipel; mais cependant il serait dangereux d'avoir une trop grande confiance en leur bonne foi. J'ai examiné attentivement cette peuplade, et sur leurs visages bronzés j'ai retrouvé cet air farouche et sauvage qui caractérise les Hydriotes et les Mainotes, ces terribles habitans de la Grèce moderne. Les hommes portent de longues moustaches, et leurs cheveux d'un noir brûlé tombent en arrière sur leurs épaules ; ils ont conservé le manteau court et le haut-de-chausses collant d'une étoffe blanchâtre, brodé en rouge sur toutes les coutures. Comme la plupart des Esclavons, ils portent les sandales antiques. Leurs femmes ont ce singulier costume turco-grec que j'ai décrit à Rovigno.

En rentrant dans les terres, j'ai traversé deux petites villes, Valle et Dignano ; la première date de la puissance vénitienne, la seconde de la conquête des Romains. Si l'on ne trouvait à chaque instant des bas-reliefs et des restes de sculptures à Dignano, on croirait que c'est une ville bâtie de la veille, la sœur de la blanche Trieste. Puis je me rapprochai de la mer, et bientôt je vis de grandes masses d'albâtre qui se dessinaient sur des pointes d'îles et des flancs de collines. A mesure que j'avançais, chaque masse prenait une forme distincte, arrêtée ; et le soleil s'abaissa rapidement derrière un petit cap, et je vis, aux lueurs de ses derniers rayons, l'antique et célèbre ville de Pola semblable à une presque île entre ses deux ports.

Callimaque dit que la cité de Pola fut une colonie des peuples de la Colchide, venus à la recherche des Argonautes : *Pola*, en langue colche, signifie *hommes bannis*; et Strabon, à propos de cela, partage la pensée du célèbre poète de Cyrène. Quoi qu'il en soit, Pola possède encore des restes qui attestent sa haute splendeur dans les âges écoulés.

Les Romains firent la conquête de l'Illyrie entre la première et la seconde guerre punique. Le culte d'Isis y était alors en honneur, et l'on s'accorde à penser, dit Cassas, d'après l'autorité d'Hérodote, que Sésostris pénétra jusque dans la Colchide, et qu'après l'avoir soumise il y fonda des colonies et leur fit adopter le culte d'Isis. Jusque dans les temps antiques on retrouve aux Illyriens un caractère sauvage et porté à la rapine; c'est ce qui fut cause de la guerre des Romains contre Teuta, mère de Pinée, reine d'Issa et des pirates de la mer de Macédoine [1].

Tibère et Germanicus allèrent combattre les Dalmates révoltés : les siéges d'Andetrium et d'Ardaba furent horribles. Les Dalmates résistèrent pendant quatre années aux vainqueurs du monde, commandés par les deux plus grands généraux de l'empire, et ils préférèrent mourir que de se soumettre. Cette guerre fut regardée par Suétone et Diodore comme la plus dangereuse et la plus meurtrière que Rome eût faite depuis les guerres puniques. Les Dalmates, quoiqu'ils soient un peu dégénérés, ont encore une partie de cet amour de l'indépendance : ils sont toujours fiers, féroces et vindicatifs à l'excès ; mais si vous vous confiez à leur loyauté, votre personne est sacrée pour toutes les tribus.

C'est à Pola que Constantin fit empoisonner son fils Crispus, jeune guerrier déjà célèbre par ses victoires en Occident et sur Licinus dans

[1] Voy. le beau voyage de Cassas en Dalmatie, 1 vol. in-f°.

l'Orient. Ayant inspiré une passion fatale à Fausta, sa belle-mère, et ne voulant pas souiller la couche de son père, la Phèdre romaine le fit mourir. Mais Hélène, mère de l'empereur, qui chérissait son petit-fils, conçut des soupçons sur la conduite de cette femme rigide, et après l'avoir adroitement épiée, elle vit qu'elle se prostituait chaque jour aux plus vils d'entre ses esclaves. — Voilà, mon fils, dit alors Hélène à l'empereur, la conduite de cette Fausta pour laquelle vous avez empoisonné Crispus, notre espérance à tous ! — Constantin, épouvanté de son crime, fit plonger sa femme dans un bain d'eau bouillante qui l'étouffa. Telle fut la fin tragique de cette Fausta, la plus *noble femme* que la naissance ait jetée sur un trône impérial. Elle était fille d'empereur, femme d'empereur, sœur d'empereur, et mère de trois empereurs ! — La grande Catherine de Livonie, qui n'était que fille de paysans, valait mieux que cela.

Pola, qui sous la puissance de Sévère avait le titre orgueilleux de *Republica Polense*, n'est plus qu'une pauvre petite ville de sept à huit cents âmes, à peine visitée par les voyageurs malgré son amphithéâtre et ses temples superbes. Quand j'arrivai sur la place publique, je cherchai et demandai en vain une hôtellerie, il n'y en a pas; et vraiment, sans l'hospitalité d'une vieille Esclavone nommée Martha, je crois que j'aurais été forcé de coucher sous le portique du temple d'Auguste: cela aurait pu être poétique à cause de l'antiquité; mais un lit confortable vaut mieux, après un vóyage à travers l'Europe, que les plus belles ruines des âges historiques. Du moins c'est mon avis.

L'amphithéâtre est assurément un des plus beaux du monde; sa conservation extérieure est parfaite: il est à trois étages de soixante-douze arcades; et cette grande masse blanche en pierre d'Istrie, blanche comme du marbre grossièrement travaillé, domine les eaux bleues du petit port. Je ne saurais décrire tout le charme et toute la beauté de ce site par une belle soirée, quand on voit le soleil se coucher dans la mer à travers ces grandes et superbes arcades! Quelle poésie merveilleuse!

On prétend que cet amphithéâtre fut restauré par Théodoric, roi des Goths, qui voulait conserver tous les beaux édifices romains [1]. Est-il dorique, est-il toscan? Serlio et quelques architectes anglais penchent pour le premier ordre, Palladio affirme qu'il est Toscan: il est fort beau, voilà tout; et je crois que Palladio l'emporte sur ses antagonistes. Le *velario* était attaché à une galerie d'une espèce toute particulière que je n'ai pas vue à d'autres théâtres; elle existe encore presque entière et ajoute aux beautés architecturales de ce monument.

Le temple d'Auguste se trouve à l'extrémité de la place publique; il est d'ordre corinthien, du meilleur style et des plus beaux temps de l'art; les frises sont des merveilles. On croit qu'il fut bâti en commémoration de la victoire obte-

[1] Carli, *Antichità italiche.*

nue par Octavien contre le jeune Pompée. Suétone dit qu'il fut consacré à Auguste et à Rome par une sentence de Munatius Plancus, presque malgré l'empereur, qui, en faisant le modeste, associait toujours son nom à célui de Rome.

Le temple de Diane fait le parallèle; il est beaucoup moins beau, et Pline dit qu'il fut édifié sur le plan et les dimensions du temple de Diane à Ephèse d'où il prit son nom : ce dernier est en ruines et se perd dans le palais de l'ancien podestat. A l'extrémité méridionale de la ville, dans la direction de Zara, se trouve un autre monument appelé la *porta aurea*, la porte d'or. C'est une merveille d'architecture à une seule arcade du plein-cintre le plus pur, de la coupe la plus aérienne, ornée de colonnes corinthiennes qui supportent un entablement sévère et d'une exquise légèreté. Cette œuvre délicieuse fut le témoignage de l'amour d'une femme pour son époux; l'inscription annonce que cet arc funèbre fut élevé aux frais de Salvia Postuma et consacré par elle à Sergius Lepidus, édile. Il y a encore deux ou trois autres restes d'inscriptions que je n'ai pu déchiffrer à cause de la faiblesse de mes yeux, la première me suffisant d'ailleurs.

Je fis une excursion bien au delà de Pola, où a police autrichienne commençait à vouloir me faire subir les vexations réservées à tout Français qui visite ces parages. J'essayai de la ruse, mais elle ne me réussit pas. Je ne pus voir que le *golfe aux écueils* appelé je crois *il Carnero*, une île assez mal peuplée, Veglia ou Sueglia et les tristes et dangereux écueils de Zara; mais ce fut tout. On ne voulut pas me permettre d'aller ni à Fiume, ni à Zara, ni à Sebenico, ni à Cattaro, cette porte de la Macédoine: j'eus beau protester, parler au nom des arts et de la science, dire que je quitterais la Dalmatie à l'instant même pour passer en Turquie: tout fut inutile en face de cette administration autrichienne..... J'étais Français!!!...

Ainsi, après des fatigues inouies, après des sacrifices énormes pour rendre moins imparfaite une œuvre d'art et d'histoire, quand je vois la possibilité d'aller à Constantinople par la Macédoine, on m'arrête là aux frontières de cette Macédoine, parce que j'appartiens à la France! Il faut envoyer mon passeport à Vienne, afin de savoir si un tout jeune homme peut traverser impunément le pays des Morlaques abrutis et les montagnes des féroces Monténégrins; si ce jeune homme ne les révolutionnera pas! Que vous êtes bien toujours les dignes *tourmenteurs* des Pellico, des Arrivabene et des Maroncelli, gracieux autrichiens! Que vous savez bien exploiter la couardise ténébreuse qui enchaîne nos bras! Ah! si le roi de France eût prononcé une parole de guerre en 1831, où serait cette audace si pleine d'impudeur que vous affichez si fièrement? Votre aigle à double tête se serait de nouveau cachée, l'Italie ne verrait pas nuit et jour des canons chargés à mitrailles et braqués sur toutes les places publiques de ses villes, les cachots de l'Allemagne ne se seraient pas emplis, l'Espagne n'aurait pas vu ses belles et poétiques provinces ruinées, incendiées, saccagées! La guerre civile n'y aurait pas promené son cortége d'horreurs, et elle serait notre alliée fidèle. La Pologne n'aurait pas versé son sang à flots pour tomber morte à la fin de sa lutte gigantesque! Ç'aurait été l'inébranlable citadelle du *territoire contesté*. La Turquie ne s'évanouirait pas comme un fantôme, sucée comme elle l'est jusqu'à la moelle par la Russie. L'Angleterre, qui alors avait toutes ses sympathies pour la France, et pour laquelle la France ne restait pas en arrière, l'Angleterre aurait fait naviguer ses flottes avec nos flottes, et c'était à elles qu'appartenaient toutes les mers; Saint-Pétersbourg est-il donc inabordable? Et pour toutes ces choses il ne fallait qu'une parole du roi de France; il s'est tu, il a cru bien faire en temporisant, en prodiguant la flatterie : eh bien! qu'a-t-il recueilli de tout cela? — Au dehors, des insultes, de superbes dédains, des vexations atroces pour ses nationaux; et, dans l'intérieur, la guerre civile et d'horribles assassinats! — Mais sachez-le bien, étrangers du Nord, ce n'est pas la France qui a peur, qui redoute la guerre, c'est une poignée d'ambitieux que des temps difficiles jetteraient hors de l'arène! Quand vous pousserez votre *hourra* enhardis par nos misères politiques, alors la France se lèvera tout entière d'un bond, d'un seul élan, comme en 1792, et sans doute il se trouvera encore dans les rangs de notre armée des vétérans de la gloire qui nous montreront, à nous jeunes hommes, le chemin de toutes vos capitales!

Je fus forcé de m'en revenir à Trieste par les montagnes de l'Istrie, province dépourvue de forêts malgré l'assertion de plusieurs écrivains; il n'y a qu'un bois de chênes dans la plaine de Montona. Je rencontrai une curieuse famille de Bohémiens nomades, aux visages bronzés, aux grands yeux noirs, et j'arrivai tout désolé près du brave colonel Le Vasseur, consul de France, un consul comme il en faudrait partout, qui me proposa d'envoyer mon passeport à Vienne; c'était me forcer à rester un mois à Trieste pour attendre le bon ou le mauvais vouloir de l'Autriche; je ne pouvais faire de tels sacrifices, et je me rembarquai pour Venise [1].

En courant au milieu des peuplades esclavonnes, j'ai souvent entendu, le soir, les montagnards chanter des chants bizarres en dialecte slave que je ne comprenais pas; cela m'a fait naître l'idée de quelques poèmes, et je crois que celui-ci ne sera pas déplacé dans ce livre.

LE CHANT DE GUERRE DU MONTÉNÉGRIN.

Quand j'ai ma veste éblouissante d'or
Et mes longs pistolets dont la crosse étincelle,
Quand mon khandjar résonne sur la selle
De mon coursier qui vole au son du cor,
Je suis heureux... Mon ame est forte!
Je parcours la plaine au hasard,
Bravant et l'Autriche et la Porte;

[1] La république romaine valait mieux que la France pour ses citoyens. C'était un titre sacré qu'aucune puissance ne pouvait se flatter de violer impunément. On avait vu plusieurs fois la république entreprendre des guerres lointaines, seulement pour venger un outrage fait à un *citoyen romain*; politique sublime qui nourrissait cet orgueil national qu'il est utile d'entretenir, et qui, de plus, imposait aux nations étrangères et faisait respecter partout le nom romain!

LA HARPE, *Cours de lit.*, t. III, *Rem. sur la 2e action contre Verrès.*

Car je suis montagnard,
La terreur du pélerin!
Un montagnard monténégrin ! ! !
Quand nos guerriers s'en vont combattre,
Je suis toujours au premier rang;
Car mon seul désir est d'abattre
Le premier Épirote, ou de verser mon sang!

Quand les grands chefs ont crié : — Guerre!
Semblables aux flots des torrens,
Nous courons dévaster la terre
Du Dalmate qui tremble aux pas des Allemands.

Quand j'ai ma veste éblouissante, etc...
Ah! dans la guerre que de charmes!
Sans cesse et vengeance et butin;
Jamais l'on ne quitte ses armes,
Puis le jour le sang coule, — et la nuit, c'est le vin!

Monténègre n'a d'autres maîtres
Que les yeux noirs de la beauté,
Et tous, nous méprisons ces êtres
Qui peuvent vivre un jour, un jour sans liberté!

Quand j'ai ma veste éblouissante d'or
Et mes longs pistolets dont la crosse étincelle,
Quand mon khandjar résonne sur la selle
De mon coursier qui vole au son du cor,
Je suis heureux... Mon ame est forte!
Je parcours la plaine au hasard,
Bravant et l'Autriche et la Porte;
Car je suis montagnard,
La terreur du pélerin!
Un montagnard monténégrin ! ! !

Venise.

—

Nulle part le génie de l'homme ne s'est mon-
; plus créateur, plus admirable et plus auda-
ux qu'à Venise: la misère jeta les habitans de
doue et d'Aquilée dans les cent îles désertes
golfe, et, sur ces arides atterrissemens des
ands fleuves, les industrieux bannis élevèrent
reine de l'Adriatique.

— « Elle semble une Cybèle des mers, s'écrie

Byron, sortie tout à l'heure de l'Océan, avec sa tiare d'orgueilleuses tours dans un lointain aérien, majestueuse dans sa démarche comme la souveraine des eaux et de leurs divinités... Telle en effet fut jadis Venise. Ses filles avaient pour dot les dépouilles des nations, et l'inépuisable Orient versait dans son sein la pluie brillante de ses trésors. Revêtue de la pourpre, elle invitait à ses banquets les monarques glorieux d'une telle faveur, qui leur semblait rehausser leur dignité. »

Aujourd'hui toute cette gloire de Venise est morte; elle n'a plus pour elle que ses formes séduisantes et ses grands souvenirs: l'aigle d'Autriche a crevé les yeux du Lion de Saint-Marc, et les bons Vénitiens sont obligés de plier sous la domination raide et guindée des Autrichiens, et de passer rapidement devant leurs canons chargés à mitraille et attachés aux colonnes du vieux palais des doges.

Mais, à part toutes ces misères, que Venise est belle encore! C'est toujours ta poétique maîtresse, ô sublime Titien; c'est toujours la reine des arts, étincelante des plus brillantes couleurs.

Durant bien des soirées, quand j'étais à Venise, j'allais passer une heure à la place Saint-Marc, au coucher du soleil. Dans la nature, il se trouve de grandes choses si sublimes de couleur, que la poésie descriptive est impuissante pour les rendre : la peinture, plus matérielle, s'adressant aux regards, reproduisant la forme, est parfois plus heureuse; eh bien! la peinture elle-même échoue devant la basilique de Saint-Marc au coucher du soleil. C'est que l'éclat dont elle est revêtue est inoui! C'est une variété de tons éblouissans! J'étais placé sous la colonnade du palais Napoléon; à ma droite et à ma gauche les longues arcades des *Procuraties* formaient une magnifique perspective que terminait, à l'extrémité de l'immense place, la haute campanille, un coin du palais Ducal, et Saint-Marc de Venise.

Les coupoles orientales surmontées de boules se dessinaient nettement, quoiqu'elles se trouvassent dans l'ombre. Au premier plan, le fronton triangulaire orné de nombreuses statues semblait tout percé à jour comme les hautes guimpes en dentelle dont se paraient les dames au temps de Marie de Médicis. Au dessous de cette frise, les quatre chevaux célèbres, cette proie sublime du plus fort, montrent leur poitrail étincelant; et ce sont de grandes mosaïques admirables sous les pleins-cintres, enchâssées dans une forêt de colonnes de porphyre, de granit oriental, et de vert antique, dépouilles enlevées à l'Égypte et à la Grèce par les Vénitiens. Oh! voyageurs, allez admirer Saint-Marc au coucher du soleil.

Quand on pénètre dans cette basilique d'architecture arabe et byzantine, on est émerveillé des richesses qui s'y trouvent; ce n'est partout que mosaïques sur fond d'or, que colonnes de marbres précieux, que sculptures délicates, que lames d'or et d'argent. Le carmin et l'outremer y brillent de toutes parts. L'art des Grecs du Bas-Empire, art de la barbarie, commence l'œuvre;

l'art du XVIe siècle le complète : c'est toute une histoire écrite en caractères d'or. Si la foi chrétienne se peut révéler par la plus haute splendeur, Dieu n'a pas eu de créatures plus pieuses que les Vénitiens de la république.

Je suis monté à l'étage supérieur du palais Ducal, par l'escalier *des Géans*, escalier célèbre dont les marches de marbre virent rouler la tête vénérable de Marin Falier. A côté l'on voit la place qu'occupaient les terribles gueules de lion qui ont causé tant de morts criminelles.

Tout cet amas de marbre blanc, si beau, si délicatement sculpté, n'a pas une pierre qui n'ait été tachée de sang. Des crimes couverts de gloire, tel était le gouvernement de Venise. La férocité, la vengeance, la torture, couraient en gondole de velours et de soie, et brillaient au milieu des fêtes somptueuses dans des palais resplendissans !

J'ai visité les cachots terribles du Conseil des Dix, et le pont des Soupirs. Pellico a décrit *i Piombi*, les plombs : tout cela est horrible. Les

Autrichiens avaient à cœur de prouver qu'ils étaient biens capables de continuer le système pénitentiaire des tribunaux secrets de Venise, et ils ne sont malheureusement pas restés en arrière.

Il y a deux promenades à faire en gondole dans le grand canal de Venise ; une le jour et l'autre la nuit. Le jour, bien souvent je partais de la place Saint-Marc, et je visitais successivement toutes les galeries de peintures et d'antiquités ; c'est dans le palais Pisani qu'est le célèbre tableau de Véronèse représentant *la famille de Darius aux pieds d'Alexandre*, chef-d'œuvre inoui comme composition et comme couleur. Plus loin c'est le palais Barberigo, qui possédait naguère encore vingt-sept tableaux du Titien ! Il lui en est resté un grand nombre et des plus beaux jours du maître : mais l'avarice de la dame Barberigo fait que ces merveilles de l'art tombent en lambeaux, ou sont rongées par l'air et par les exhalaisons chargées de sel qui montent du canal : tout cela faute de quelques fioles de vernis. Il ne m'appartient pas de trancher ici du Machiavel, ni de donner des leçons de despotisme à l'Autriche qui s'y entend beaucoup mieux que moi assurément; mais j'applaudirais de grand cœur au décret du vice-roi qui forcerait la riche héritière des Barberigo à dépenser une centaine de florins pour arrêter la destruction des merveilleuses peintures du Titien.

Le palais Corner est pauvre en tableaux, mais il a de jolies curiosités, des médailles et de belles armes : dans cette salle on voit une rareté bien grande et bien épouvantable, c'est la ceinture dont le farouche Ezzelino, tyran de Padoue, affublait sa femme quand il allait courir la campagne. La tromperie n'était pas facile avec un tel système; mais c'était pousser la cruauté jusque dans ses dernières limites.

Manfrini est la plus riche de toutes les galeries de Venise; c'est une profusion de chefs-d'œuvre! Tout cela est resplendissant, tout cela est de la féerie! Là est le portrait de l'Arioste par Titien, le plus poétique et le plus beau de tous ses portraits. Qelle merveille ! Puis ce sont des Véronèse, des Raphaël, des J. Romain, des Tintoretto, et le plus admirable Giorgione qui soit au monde ! Allez voir cela, jeunes artistes français, et dites-nous si cela ne vaut pas mieux que la couleur terne et fausse de ce qui reste de Daniel de Volterre, et de quelque autre.

Le soir, la promenade du canal est admirable : quand la lune l'inonde de lumière, rien n'est plus délicieux que de glisser en gondole le long des vieux et beaux palais de marbre, avec un ou plusieurs musiciens à l'avant de l'esquif ; c'est la vie poétique dans ses phases les plus enchanteresses. M. Thiers, qui visitait Venise à l'époque où j'y étais, donnait ces jouissances à sa jeune femme et à sa famille, mais, disait-on, tout à fait en prince ; et il avait bien raison, d'autant mieux qu'en Italie on peut faire le prince à très bon marché, à peu près comme on fait chez nous l'*honorable* à la chambre des députés.

Après tous ses palais, Venise a ses nombreuses

églises, la plupart d'une belle architecture, et en grande partie remplies de merveilles de peinture, de sculpture et de ciselure. Il faudrait les mentionner toutes et les décrire; mais cela nécessiterait plusieurs volumes. Je me bornerai à nommer, entre les plus belles, avec Saint-Marc, *Santa-Maria Formosa*, Saint-Jean et Paul, et les *Frari* : toutes sont d'une richesse inouie.

Malgré la décadence dans laquelle Venise est tombée, c'est encore la cité du plaisir : on y jouit d'une vie toute rêveuse et toute pleine de volupté; les églises sont toujours en fête : puis, chaque lundi, c'est celle du Lido, où l'on voit courir des milliers de gondoles; et, chaque soir, c'est aussi fête sur le grand canal, au quai des Esclavons et sous les longues arcades des Procuraties. Ensuite il y a une grande variété de costumes et de mœurs. — Là, c'est le Français enthousiaste, galant, empressé auprès des charmantes Vénitiennes, petites femmes accortes, vives, aux yeux et aux cheveux noirs, — les sœurs des Graces. C'est l'Anglais qui regarde à peine, et qui jure contre les Autrichiens, affectant une supériorité suffisante pour toutes choses. — Plus loin, ce sont les Albanais avec leur ancien costume flottant et tout brodé d'or; c'est le Dalmate de Zara et de Sebenico, avec sa petite callote rouge, sa veste bleue brodée et son haut-de-chausses collant : il est si étriqué dans ce costume qu'il semble entouré de bandelettes comme les momies des Égyptiens. — Puis viennent les dominateurs, les Autrichiens, avec leur idiome si rauque, leurs mouchards innombrables qui pullulent autour des Vénitiens et des étrangers comme d'immondes insectes dans de la fange. Et, au milieu de tout cela, on a de la joie encore. Le pauvre Vénitien, toujours bon, actif, obligeant, vous fait les honneurs de sa vieille souveraine; il vous montre, la larme à l'œil, la magnificence de ses pères, et il finit par vous dire que Napoléon aurait dû se contenter de la France et de l'Italie, qui seraient devenues deux sœurs, et que cette alliance n'aurait pas jeté leur belle Venise aux étreintes de fer de l'Autriche, qui la viole sans pitié et boit jusqu'à ses dernières gouttes de sang, afin de laisser Trieste devenir grande, riche et puissante !...

Le palais des doges est sans contredit un des plus beaux palais du monde. Dominant la Piazetta et la Giudecca, il semble encore l'asile des illustres époux de l'Adriatique, alors que, monté sur le Bucentaure, le doge, après avoir dépassé le rocher du Lido, jetait son anneau d'or dans la mer en prononçant ces paroles :

Sponsamus te, mare, in signum veri et perpetui Domini.

Mais le sceptre de la mer est tombé des mains des doges, l'Adriatique est devenue inconstante, et de tant de grandeur il ne reste que l'ombre, et le superbe palais est désert !...

La description ne peut que rester au dessous des magnificences que ce palais renferme : c'est la bibliothèque, si riche de manuscrits latins et grecs ; ce sont les salles renfermant des sculptures précieuses enlevées à la Grèce ; et c'est toute l'histoire de la gloire navale de Venise, peinte sur des toiles gigantesques par le Titien, P. Véronèse, Tintoretto, les deux Palma, Giorgione, Carletto Véronèse et les trois Bassano. Quelle réunion de noms célèbres pour retracer les hauts faits de l'illustre république ! Malheureusement ces tableaux sublimes se dégradent à cause de l'incurie barbare du gouvernement autrichien ; et, si cela continue, avant qu'un siècle ne se soit écoulé, les merveilleuses peintures de Venise auront disparu comme la puissance formidable de la fiancée du Lion qui promenait ses nefs redoutables sur toutes les mers !...

Un soir je montai au sommet du fameux clocher de Saint-Marc. Venise était sous mes pieds, semblant une ville flottante au sein des eaux ; le soleil se couchait tout rouge sous un rideau de grands nuages noirs, et le vent, agitant fortement les flots des lagunes, rendait l'illusion plus complète encore. Les tours de Padoue, à une grande distance, se découpaient en noir sur la ligne rouge du ciel, et, après les nombreuses îles des lagunes, couvertes d'églises somptueuses, apparaissaient les bords enchanteurs de la Brenta : c'était d'une beauté que rien ne peut rendre ! J'avais de la peine à m'arracher à ce grand spectacle ; mais, comme toujours, il me fallait quitter tout ce que j'aimais, et je partis...

—

Le Vicentin, le Véronais et le Bergamesque.

—

Je quittai Venise pour la seconde fois par un ouragan épouvantable ; le vent du nord labourait les lagunes avec une fureur qui n'était pas sans danger ; nous avions la grande barque postale à six rameurs, et les flots la soulevaient comme si c'eût été une écorce de liége. J'avais beaucoup connu deux jeunes architectes de la Saxe à Venise, et comme ils s'en allaient à Munich, par Vérone et Inspruck, nous nous donnâmes rendez-vous à Padoue: ils partirent deux heures avant moi et furent forcés de prendre une gondole, barque d'une forme toute particulière, conduite par un homme et à une seule rame. Je crains bien qu'il ne leur soit arrivé malheur à cause de la violence de la tempête, car on n'en avait eu nulle trace ni à Fusina ni à Padoue; et depuis ce temps je n'en ai plus oui parler. — A des intervalles assez rapprochés, on aperçoit dans les lagunes de petites croix sur des troncs d'arbres; cela indique que là un homme a péri.

A Fusina se trouve la seconde douane de Venise, douane terrible pour les objets d'art! que vous soyez artiste, écrivain ou grand seigneur, vous êtes considéré comme faiseur de négoce. En Italie, les tracasseries et les vexations de la douane et de la police empoisonnent l'agrément du voyage; ce sont des vampires qui vous sucent jusqu'à la moelle. Je ne pus guère juger des splendeurs tant vantées de la Brenta, à cause de la tempête qui se prolongea jusqu'au milieu de la nuit, et j'arrivai à Padoue.

Cette ville, située entre le Bachiglione et la Brenta, est dans une région de prairies charmantes; mais le paysage n'a point d'horizon ni de profondeur, et l'ennui vient vite. Pourtant, au dire d'un voyageur, « on croit être dans les » faubourgs d'Antioche et de Daphné: » il est vrai que ce voyageur est italien et *itinérateur*. Quoi qu'il en soit, Padoue est fort remarquable, non comme ville, car elle est aussi mal bâtie et aussi sale que les bas quartiers de Naples, mais à cause de son université célèbre et de ses turbulens étudians de tous les royaumes; à cause de ses nombreuses et magnifiques églises toutes peintes et historiées, dans le genre de celles de Florence.

Dans mon enfance, j'avais une vénération grande pour Saint-Antoine de Padoue: son invocation devait avoir quelque vertu fameuse, car un vieux domestique normand ne cessait de me la recommander: mais je l'ai oubliée. Cependant ces souvenirs du jeune âge revinrent quand j'entrai dans l'église de Saint-Antoine, si coquette, si belle et si parée. C'est un véritable bijou couvert de fresques du Giotto; Donatello a comblé le chœur de statuettes et de bas-reliefs admirables. La chapelle du saint, si célèbre par les pélerinages qu'on y fait, est ornée de chefs-d'œuvre de Tullius le Lombard, d'Hyéronimus Campagna et de Matheus-Allio; sculptures tant soit peu profanes, et qui conviendraient mieux à un boudoir d'antiquaire qu'à une église chrétienne. Mais le *bégueulisme* est inconnu du clergé d'Italie, qui pour cela n'en est pas pire, quoiqu'il ne soit pas très exemplaire. Puis ce sont des tombeaux superbes de Sammicheli et de Cattaneo, de grandes statues équestres du Donatello; et, tout à côté, dans la *Scuola*, des fresques admirables du Titien et des Palmes.

La cathédrale possède la bibliothèque de Pétrarque qui en était chanoine, et l'on voit dans la sacristie un Évangile écrit en 1170 par Gaibona, et plusieurs autres manuscrits richement enluminés ; en général, il est fort rare qu'il n'y ait point quelques merveilles dans les soixante églises dont Padoue est si fière.

L'historien Tite-Live naquit à Padoue; et, dans le XIVe siècle, on trouva dans des fouilles l'urne funéraire qui contenait les dépouilles de cet écrivain illustre : cette urne a la forme d'un entonnoir et n'est ornée d'aucune sculpture; je l'ai vue au Palais de Justice, à côté des deux statues égyptiennes rapportées par Belzoni. Ce Belzoni était un pauvre barbier de Padoue. Fort ennuyé de sa position précaire, il voulut tenter de faire fortune; il s'embarqua à Venise, alla dans le Levant, étudia les langues orientales, passa en Égypte, découvrit des villes ensevelies au désert, déterra des statues dont il dota sa patrie, et finit par mourir de fatigue auprès des Pyramides. Padoue honore sa mémoire presque à l'égale de Tite-Live, ce qui n'est pas peu dire.

Il y a une place à Padoue comme aucune ville d'Europe n'en possède, on l'appelle *Prato Della Valle* : au milieu se trouve une île dans laquelle on pénètre par quatre ponts fort élégans, qui aboutissent à un amphithéâtre orné d'un péristyle. Dans cette grande enceinte croissent de magnifiques platanes qui donnent le plus beau des ombrages, et tout à l'entour de cette île, d'un ovale parfait, sont posés sur des piédestaux plusieurs centaines de statues colossales des plus grands hommes de la république vénitienne. Malheureusement ce ne sont pas des chefs-d'œuvre, mais pourtant quelques unes sont assez remarquables.

C'est à douze milles de Padoue, à Arquà, que reposent les cendres de Pétrarque : l'amant de Laure choisit cette douce retraite dans les riantes collines Euganéennes, et c'est au milieu des bois et des vergers couverts de fleurs qu'il termina une existence si pleine de chagrins et de larmes.

Je pris la route de Vicence, toute bordée d'ormes et de saules ; c'est un trajet de vingt-cinq milles sans aucune variété : des ruisseaux au bord du chemin, de petites prairies bornées par des haies épaisses, une longue plaine, quelques jolies maisonnettes, une population joyeuse et hospitalière, et cela toujours et partout.

Vicence.

Vicence est une des plus belles villes de l'Italie: je ne sache rien de plus poétique ni de plus enchanteur que la belle vallée au milieu de laquelle elle est assise. Ses rues sont larges, propres et bordées de palais somptueux; la plupart des églises datent du XIIe au XIVe siècle, et sont aussi remarquables par la beauté de leur architècture que par la richesse des peintures et des sculptures qu'elles renferment. *La Santa Corona* possède une adoration des Mages de Veronèse, une des merveilles du maître, mais qui se dégrade, ainsi qu'un superbe Mantegna, et le baptême de J.-C., de Jean Bellino.—Saint-Michel a un Tintoretto; Saint-Blaise, un Guerchin; Saint-Étienne, un chef-d'œuvre de Palma-le-Vieux: il y a bien aussi quelques Léandre-Bassano très faux de coloris, des Colonna et des

Tiepolo assez médiocres; mais ceux-là sont rares en général.

Vicence a donné naissance à Palladio, le plus célèbre architecte de la renaissance de l'art en Italie. L'amour qu'a Vicence pour cet artiste est poussé jusqu'à la frénésie, et l'on ne peut en vérité qu'applaudir à l'enthousiasme des braves Vicentins. Je voudrais voir un peu de cette disposition d'esprit aux ames éclairées de la France, afin qu'elles soient plus justes envers nos gloires, et qu'on échauffe le génie de nos artistes par des louanges, de préférence à des critiques décourageantes qui arrêtent la sève alors qu'elle va faire germer des fruits.

La place des *Signori* est extrêmement remarquable : c'est là que sont les palais *del Ragione*, *del Capitanio*, et celui qu'habita Palladio. Ces trois palais, un théâtre olympique aussi curieux que superbe, et beaucoup d'autres églises et palais, sont dus au génie architectural de Palladio. Tout cela est du style le plus grandiose et le plus admirable! c'est d'une étonnante conception, et d'une pureté de lignes aériennes qui font ressouvenir des beaux temps de la Grèce. Oh! certes, Vicence a raison d'être fière de son fils; mais l'architecture de cet homme célèbre a eu de déplorables résultats en Italie. Ses successeurs, ou plutôt ses singes, ont gâté toutes les anciennes basiliques du moyen-âge; ils les ont démolies sans pitié avec une fureur toute barbare; et, au lieu du style grandiose, majestueux et pur du maître, ils ont substitué une maçonnerie *enjolivée* de volutes, de mascarons hideux, contournés, maniérés, d'attifailles ridicules, d'ornemens confus, qui ont une grande ressemblance avec notre pitoyable architecture du règne de Louis XV!...

A Vicence, et en général par toute la Lombardie, les mœurs sont beaucoup plus chastes que dans l'Italie méridionale; les hommes sont plus fiers, plus braves, plus honnêtes, et la décadence s'y fait moins sentir. Les femmes de Vicence sont d'une beauté remarquable, et nulle part je n'ai vu une carnation si veloutée, si admirable, et de plus grands yeux noirs; — cela fait regretter Vicence.

J'allai, par une belle matinée, visiter la *Madonna del Monte Berico.* On arrive au sommet par une galerie en arcades longue d'un tiers de lieue, et cet ouvrage gigantesque est d'une beauté peu commune. Aux deux tiers des arcades, il y a un plateau d'où la vue plonge sur un panorama superbe. C'est Vicence au milieu de sa prairie, entre ses deux torrens, avec ses nombreuses coupoles, ses palais magnifiques et ses jardins encombrés de platanes; ce sont des collines vertes et riantes ornées de maisonnettes charmantes, et à l'horizon les grandes crêtes déchirées et couvertes de neiges des Alpes Juliennes. Il y a, dans le réfectoire du couvent, une *Cène* de Paul Véronèse qui resta là caché une année chez le prieur, et ce tableau ne le cède en rien, pour la composition, l'expression et le coloris, à nos *Noces de Cana.*

A...

I.

Un jour, j'étais debout sous le dernier portique *de la Madonna del Monte*; mes yeux plongeaient sur le panorama de la poétique Vicence; j'admirais ses coupoles somptueuses et ses monumens élevés par un génie; les eaux limpides du Bachiglione blanchissaient au milieu de la verdure des prairies, et les crêtes neigeuses des Alpes apparaissaient à l'horizon comme une ligne d'effrayans fantômes!

II.

C'est à Vicence que se trouve la plus enchanteresse de toutes les fleurs : je ne l'ai vue qu'une fois splendide et mystérieuse autant qu'un ciel tout semé d'étoiles, et elle s'est évanouie comme ces songes rians et parfumés qui viennent jouer dans les cheveux ondoyans d'une jeune fille endormie. — Et moi, la tête penchée au sommet de la montagne, je cherchais cette belle fleur.

III.

— O fleur mystérieuse, disais-je, dans quelle oasis voiles-tu ton calice d'où s'exhalent de si fraîches odeurs; sous quel rayon de soleil es-tu resplendissante; dans quelles ondes pures baignes-tu ta tige si élégante et si admirée? Ne te verrai-je donc plus, belle et poétique fleur, et serai-je privé de m'enivrer encore de tes parfums adorés?...

IV.

Alors j'entendis une voix harmonieuse qui disait en passant dans l'air : — La belle fleur de Vicence est voilée aux regards de l'étranger. N'as-tu pas assez de peines dans ta patrie sans chercher à augmenter tes regrets. Ton sol est triste pour y transplanter ma fleur chérie, et sa tête tomberait bientôt toute décolorée... Va, crois-moi, fuis ces lieux, jeune étranger.»

V.

— Tu es le génie de cette fleur, voix invisible ; eh bien ! sache que le soleil parcourt le monde et qu'il vivifie les contrées les plus lointaines ; il donne à chaque ame une parcelle d'étincelante lumière, d'amour et de poésie, et ces dons sublimes, je les sacrifierais tout entiers pour rendre plus éclatante encore la tendre fleur que j'aime, ô génie de la beauté !...

Je partis pour Vérone, et bientôt je vis se dessiner, au sommet d'une haute colline dominée par les Alpes Trentines, les ruines des châteaux célèbres des Capuletti et des Montecchi. C'est de là que sortirent ces deux figures si poétiques du moyen-âge, Roméo et Juliette, immortalisées par Shakespeare. On montre à l'étranger curieux leur tombeau à Vérone; mais je ne crois guère à son authenticité : j'aime mieux admirer les gothiques mausolées des grands Scaligers. Vérone est de la plus haute antiquité : c'est la première ville de second ordre de l'Italie; et de sa splendeur romaine il lui reste une magnifique arène complète au dedans. C'est la seule que j'aie vue; et à part ceux de l'Asie, qui sont fort rares du reste, j'ai vu presque tous les théâtres construits par les vainqueurs du monde.

Les Autrichiens ajoutent chaque année aux fortifications de cette grande ville; mais, soit par oubli, soit par un sentiment d'orgueil mal placé, ils n'ont pas réparé les stigmates des fusillades françaises lorsque nos armées s'en emparèrent. Il est vrai de dire qu'ils nous l'ont reprise, ou plutôt qu'elle leur a été rendue.

En allant à Brescia par un pays superbe, nous cotoyâmes les bords enchanteurs du lac de Garde, l'antique *Benacus ;* sa grande surface et ses eaux bleues étaient inondées de soleil. Vers l'orient, les hautes et belles montagnes du Tyrol se séparent, et le lac s'enfonce, brillant des plus riches couleurs, dans la direction de Trente : à l'extrémité, c'est la péninsule de Sermione, où repose l'amoureux Catulle, ce tendre et charmant poète ; et, sur toutes les grèves, ce sont des forêts de citronniers, d'oliviers et d'orangers, qui font ressortir avec magie les crêtes blanches des montagnes grises et violettes du superbe Tyrol. Quel merveilleux lac ! comme je l'aimais ! J'avais de la peine à m'arracher de ses bords, et, malgré les terribles tempêtes qui souvent le désolent, je voudrais chaque année babiter plusieurs mois ses plages enchanteresses !

J'arrivai dans l'après-dîner à Brescia : c'était le jour des Trépassés. Le choléra venait d'enlever un huitième de la population de cette belle ville. On me conduisit au Campo Santo, vaste et superbe demeure des morts, située aux portes de la ville. C'est une coupole élégante flanquée de portiques d'ordre dorique d'un bel effet, et tout cela au milieu de grandes masses de cyprès. Les avenues, le dôme, les portiques, l'immense plaine jonchée de tombes fraîches et blanches, tout était éclairé par d'innombrables luminaires; minuit sonnait, et cela avait une effrayante solennité. La population entière de Brescia s'y pressait; ce n'étaient que cris, que pleurs et gémissemens. Là, c'était une jeune femme qui redemandait son époux; des orphelins avec leurs proches qui priaient sur la tombe de leurs parens; des amis, des frères, des sœurs, des mères!... La terre était tout humide, les tombes étaient encore ouvertes, le sol était jonché de pierres et de débris: c'était affreux! Puis, au milieu du Campo Santo, on avait élevé un haut échafaudage décoré d'inscriptions transparentes, sur lesquelles on lisait que trois mille cinq cents Brescians avaient péri par le fléau en cinquante jours, et Brescia ne compte guère que vingt-cinq mille habitans! Ce spectacle m'affligea profondément. J'allai me reposer quelques heures, et, bien avant le jour, quand je partis pour Bergame, ma voiture passa de nouveau devant l'enceinte funèbre, où les derniers cierges jetaient encore de faibles lueurs; et cela fit naître en mon ame de sombres pensées qui, sans doute, m'inspirèrent ce chant :

—

MARWIKA LA DALMATE.

—

I.

Le disque enflammé du soleil s'abaisse tout rouge dans la mer d'Afrique; un dernier rayon projette encore sa lumière sur le sommet de la montagne; le ciel est sombre, les nuages noirs recèlent un orage. — Le bruit du tonnerre agrandit les idées de l'homme : il secoue sa faiblesse en face de la puissance des élémens, et centuple son énergie. — Au dessus des âpres rochers de la cascade de Scardona une femme est accroupie et pleure; ses longs cheveux noirs voilent son visage et ses mains sont croisées sur ses genoux. Deux jours se sont écoulés depuis qu'elle est là et qu'elle pleure; ses yeux se sont fixés sur une caverne profonde, et elle attend. Oh! comme l'attitude de cette femme exprime la douleur! Sa voix n'est plus qu'un long cri d'angoisse, et chacun de ses cheveux est mouillé d'une larme.

II.

Esprit des montagnes, s'écrie-t-elle, n'as-tu donc plus de pitié pour les mères! Ecoute les sanglots de Marwika la Dalmate; je suis si malheureuse! J'avais pour fille Zescewika, la gazelle du Monténègre; sa chevelure était flottante comme un panache, ses yeux brillaient comme l'acier des glaives, et nulle jeune fille ne chaussait mieux les brodequins aux broderies d'or; eh bien! esprit des montagnes, le Timariote est venu pendant que ma fille puisait l'eau limpidte de la fontaine, il a fait violence à Zescewika, il a déchiré ses vêtemens; j'ai retrouvé son voile sur l'herbe cent fois brisée, le Timariote a déshonoré ma fille et il me l'a ravie!... il faut qu'il meure. J'ai le khandjar de mon époux. Mais il s'est enfui comme un lâche, il est loin, il est bien loin. Esprit des montagnes, je suis une pauvre mère, donne-moi ton beau cheval noir.

III.

La voix de la cascade mugit et monte jusqu'au sommet des rochers : — Dalmatina, dit-elle, veux-tu te confier à mes ondes rapides? elles ont la vitesse des balles de l'Albanais et de la pensée des hommes sublimes ; confie-toi à ma force et tu rejoindras le Timariote. — Tu tournoies sur les rochers gris, répond la mère ; leur sein hérissé te repousse avec violence : je ne veux que le cheval noir de l'esprit des montagnes. — Et la cascade dédaignée précipite ses masses d'écume avec plus de force pour montrer sa puissance, semblable au jeune guerrier dont un chef a rabaissé le courage et qui va se jeter dans la mêlée sanglante où la mort l'attend... — Mais l'esprit des montagnes a entendu les cris de la veuve; un jet de feu a jailli de la caverne, et la terre a tremblé sous le piaffement du coursier noir qui hennit et secoue sa rude crinière. — Marka, tu peux partir, dit le vieillard, voici mon coursier noir.

IV.

Marka s'élance sur son dos luisant avec la légèreté d'une amazone ; elle presse ses flancs et l'abandonne à sa fougueuse vigueur, adressant un défi dédaigneux au torrent qui roule avec fracas. — Le défi est accepté : le coursier noir glisse sur la montagne comme l'ombre d'un nuage poussé par les vents de la tempête sur la surface blanche d'un lac ; il arrive dans la plaine, tandis que les ondes de la cascade mugissent encore toutes furieuses et blanchissent d'écume dans leur colère impuissante les grands rochers de Scardona !... — Avais-je raison de me défier de ta lenteur, paresseuse cascade, s'écrie Marka triomphante ? va, résigne-toi dans ta faiblesse, comme l'homme de la plaine doit s'éclipser devant la force du montagnard. Va, va, dévore l'espace, mon beau coursier !

V.

— Va, va, nous retrouverons ma fille bien-aimée, nous rejoindrons le Timariote sauvage, et il mourra sous les coups redoublés de ce glaive du Monténégrin, si redoutable quand mon époux le sortait de sa gaîne et qu'il le montrait aux ennemis ! Va, va, coursier de l'esprit des montagnes, c'est la vengeance que tu emportes, et la vengeance doit courir comme la foudre. Ah ! pourquoi le désir ne tue-t-il pas ? le Timariote serait là, et je disperserais son cadavre palpitant aux vautours de la plaine. Va, va, coursier superbe, tu seras immortel ; toutes les mères t'offriront en sacrifice des harnais brodés de leurs mains et ruisselans de saphirs et d'escarboucles ! Va, va, le coursier du Timariote n'est pas intrépide comme toi, son hennissement est grêle, sa crinière n'est pas flottante, et à chaque heure il se repose... Va, va, je suis une mère infortunée, il faut que je me venge, car QUI NE SE VENGE PAS NE SE SANCTIFIE PAS!... Va, va, va!!![1]

VI.

Le coursier noir bondit et s'élance comme une flèche; il franchit les plaines et les collines, traverse les fleuves, gravit les rochers; rien n'entrave sa course! Les échos des montagnes résonnent sous ses pas précipités comme si les escadrons d'une armée s'agitaient pour le combat. Sa bouche rejette des flots d'écume, ses narines fument, son œil sanglant laisse échapper des éclairs, son poitrail ruisselle de sueur; mais c'est la vengeance qu'il emporte, et la vengeance ne doit s'arrêter qu'en présence de sa victime; et il court, il court comme la voix de Dieu!

VII.

Ils sont arrivés dans une plaine immense, à l'horizon et partout c'est toujours la plaine. Le ciel est en feu vers

[1] C'est la devise sacrée des Morlaques, des Dalmates, des Monténégrins et des Albanais. Ils gardent la chemise ensanglantée de celui qui a été assassiné : les mères la montrent chaque jour à leurs fils, à leurs frères, à leurs neveux, qui finissent par tuer le meurtrier. La vengeance est satisfaite, et l'amitié renaît dans les deux familles...

Voy. Sankowich; le voy. pitt. de Cassas en Dalmatie.

l'Occident, le tonnerre roule et bruit dans les nuages sillonnés par d'ardens éclairs ! Quelle nuit ! — Un tourbillon roule avec fureur sur lui-même, soulevant une nuée de sable au milieu de laquelle crie et se débat une feuille de sophore. — Veux-tu me suivre? s'écrie le tourbillon en répondant à Marka qui lui demande à quelle heure a passé le Timariote ; je te guiderai vers le fugitif et tu retrouveras la joie. — Non, dit Marka, tu ressembles à l'homme méchant qui traverse la vie en brisant la tige de chaque fleur splendide qu'il voit épanouie ; il s'arrête à chaque pas s'il y a du mal à faire. N'est-ce pas ton image ? Si tu trouves un arbuste par la plaine, tu vas le déraciner ; tu flétriras les moissons du triste laboureur, et jetteras à terre ses plus beaux fruits, son espérance dernière, et pour cela tu retarderas ma course ! Laisse-moi, tournoie ; j'irai plus vite car la vengeance m'a prêté ses ailes !

VIII.

— Orgueilleuse qui veux parcourir l'espace plus rapidement que les tourbillons ! je te laisserai dans ce désert au milieu d'un impénétrable rempart de sable et je déroberai le Timariote à tes coups. Marche, orgueilleuse, marche !... — Et il soulève une tempête : des masses de poussière couvrent la plaine ; on entend des sifflemens ; les branchages des caroubiers et des térébinthes craquent, se brisent et gémissent; leurs innombrables feuilles sont enlevées et se mêlent aux grains de sable ; la tempête de la terre répond à la tempête du ciel : c'est un choc de géans! — Marche, orgueilleuse, marche! s'écrie encore le tourbillon; et, redoublant de furie, il essaie d'envelopper le coursier noir et d'étouffer sous ses baisers terribles la Dalmatina qui invoque la vengeance et secoue d'instant en instant sa longue et épaisse chevelure tout imprégnée de sable...

IX.

Elle sent qu'elle succombe; le géant rassemble toute sa puissance pour l'accabler. Tel un habile général d'armée jette au milieu de la mêlée sanglante une phalange invincible qui n'a point encore fatigué ses forces, afin qu'elle décide du sort de la bataille. Mais la plaine va finir; voilà des chênes centenaires, voici des pins aux longs rameaux inclinés : courage, courage, beau coursier noir, voici une forêt! Le tourbillon s'y précipite et l'agite avec un bruit terrible, comme si de nouveau les pluies diluviennes allaient submerger la terre. Dans sa colère, il abat tout ce qui lui résiste; mais à chaque pas qu'il fait les obstacles redoublent, sa trombe s'affaiblit, et Marka, qui respire enfin, presse les flancs de son coursier qui vole comme l'hirondelle : bientôt les arbres résistent et le monstre, tout en lambeaux, tout morcelé ; tombe vaincu et redevient néant !

X.

Va, coursier noir, va ! tu es brave comme un guerrier de la France qui n'a pas de rivaux en courage ! L'adversité ne triomphe que des ames faibles et tremblantes ; elle cède aux esprits supérieurs... Marche, marche ! — Tu franchiras les montagnes arides aux sentiers hérissés, triste image de la vie ; mais au delà de ces montagnes tu trouveras le fleuve sacré, les vallées admirables, les ombrages embaumés, les fleurs resplendissantes et la mer azurée de Syrie ; c'est là qu'est le ciel : va, va, beau coursier noir, toi que rien n'arrête, symbole frappant des passions de tous les grands cœurs ! va, va !

XI.

La nuit s'est enfuie avec son manteau sombre ; les obscures ténèbres se sont dispersées, le crépuscule aux douces lueurs commence à poindre, le soleil aux rayons de feu et d'or va sortir du sein de l'Orient : mais il reste encore une nuée jaune et rouge qui plane dans l'immensité ; l'éclair brille toujours et le tonnerre promène ses sons effrayans du sud au septentrion. Marka et son coursier sont brisés par la fatigue ; ils arrivent au sommet d'une haute montagne, la reine de cette contrée; elle la domine comme l'Etna, cet empereur des volcans, domine et menace toute la poétique Sicile. Le regard profond de Marka plonge sur l'immensité des plaines et des vallées; elle s'arrête et cherche... Au bout de l'horizon, à des distances infinies, l'œil de la Dalmate découvre un point blanc sous un rayon de soleil; elle pousse un cri sauvage que répètent mille fois les échos des profondes cavernes, et de nouveau elle recommence cette course plus rapide que les tourbillons et les avalanches. — Elle a vu flotter le manteau du Timariote; et quel autre œil que celui d'une mère verrait au delà des abîmes!...

XII.

— Va, va, mon beau coursier, tes nobles flancs sont ensanglantés; mais après la peine viendront les joies: j'étancherai le sang de tes blessures, je te servirai en esclave. Cours, cours; voici une troupe de cavales indomptées... cours, cours, bientôt finiront tes fatigues! — Femme, s'écrient les cavales, viens avec nous, tu traverseras les rivières et les lacs avec la vitesse de l'oiseau des orages: jamais aucun mortel n'a souillé notre crinière; ton coursier va mourir, femme, viens avec nous. — Mon coursier est plus noble que Borak la belle cavale de Mahomet; il a devancé les torrens, les vents déchaînés et le feu des météores : que peuvent de pauvres cavales en présence de mon coursier noir ? — Et Marka flatte sa crinière, essuie son poitrail et presse ses flancs humides. — Les cavales s'élancent comme l'ouragan ; elles dévorent l'espace, elles disputent fièrement la victoire, mais c'est en vain : le coursier noir frappe la terre avec violence et dépasse les audacieuses cavales qui tombent mourantes sur les angles des rochers !

XIII.

— Va, va, mon noble coursier, voici le Timariote ! voilà celui qui a ravi l'honneur de ma maison ! voilà le Timariote ! Je plongerai sept fois mon khandjar dans son cœur et je te ferai boire son sang. Va, va, mon noble coursier, voici le Timariote !... Je vois flotter au vent sa robe blanche et la chevelure de ma fille qui n'avait point de rivale en beauté. Comme il court le lâche, c'est la peur qui l'entraîne ! Va, va, mon vigoureux coursier, il ne tardera pas à mourir et tu boiras son sang ! Encore une vallée à franchir, une plaine à traverser, une montagne à gravir, puis après c'est la mer, c'est la mer ! ! !

XIV.

— Rassemble toute ton audace, que tes pieds fassent jaillir des myriades d'étincelles de ces amas de pierres ;

nous passerons en un instant cette gorge ténébreuse comme si les anges nous prêtaient leurs longues ailes. Ne comprends-tu pas qu'il faut que tu partages ma vengeance : le Timariote a une cavale du désert, elle semble te braver autant que son maître m'a accablée d'outrages. La cavale et le guerrier doivent mourir, songe à la victoire! Jusqu'alors tu as devancé les ondes furieuses, le souffle du tourbillon, les cavales indomptées; tu ne peux te laisser vaincre par une chétive cavale que l'homme a maîtrisée. Allons cours, cours plus vite!...

XV.

— Voici la fin des montagnes! voici la plaine découverte! voici la mer et le soleil!!! Va, rien ne peut désormais protéger la fuite du Timariote! nous allons l'atteindre! — Et le pauvre coursier, haletant, épuisé, redouble d'efforts sous la main qui le harcèle sans cesse: il va comme la pensée; et le Timariote, qui a regardé en arrière en entendant cette clameur effrayante, a reconnu la Marka, et pressant plus étroitement sur son sein la jeune fille il pousse sa cavale dans un détroit afin de gagner l'autre plage.

XVI.

— Va, va, s'écrie encore la Dalmatina: mais le noble animal épuisé, mourant de soif et vomissant des flots d'écume, ralentit sa course : il n'écoute plus la voix terrible de la Marka qui frappe en vain ses flancs déchirés. Dans son désespoir elle invoque l'esprit des montagnes, mais le vieillard est bien loin, et le Timariote se trouve au milieu des ondes bleues et s'avance vers les grèves de Syrie. La mère se tord dans les angoisses, comme une lionne blessée au flanc et qui sent la mort s'approcher... Alors elle implore l'orage qui gronde ; elle demande à regret sa vengeance à la foudre...

XVII.

— Ils mourront tous deux, dit la foudre : le même feu doit les anéantir, car tu ne peux reconduire ta fille à la maison de tes pères pour la rendre toute souillée au jeune guerrier qui l'avait choisie pour épouse. Veux-tu encore de mon assistance, Dalmatina; ou préfères-tu laisser en paix ta fille aux mains du Timariote? — Qu'ils meurent tous deux, s'écrie la Marka avec fureur; car qui ne se venge pas ne se sanctifie pas ! — Alors la nuée jaune s'entr'ouvre avec un bruit horrible, une colonne de feu serpente dans les profondeurs de l'air, et le Timariote et

Zescewika disparaissent sous les vagues. La tempête se calme, un vent frais disperse les nuages, le ciel redevient bleu, le soleil inonde de lumière ces beaux rivages, et Marka la Dalmate s'enveloppe le corps dans sa chevelure et pleure sur la plage à côté du coursier noir!....

—

Milan, Pavie, le Piémont, Monaco et Nice.

—

Je m'arrêtai quelques heures à Bergame, cette patrie des arlequins. Tous, ou presque tous sortaient de la belle et riante vallée de Brembana, et de là s'en allaient réjouir l'Italie, la France et l'Allemagne, avec leur esprit bouffon et leur pénétrante et subtile intelligence; mais si l'arlequinade est morte au théâtre, la population bergamesque est toujours bien digne de ses ancêtres.

Rien n'est plus délicieux au monde que la vue de Bergame, dominant un poétique amphithéâtre, toutes les plaines de la Lombardie, et derrière elle les grandes et admirables vallées sillonnées par le Brembo et le Sério, fleuves qui accourent des montagnes de la Valteline : nulle part l'Italie n'est si industrieuse, si riche et si peuplée. La Lombardie est, au reste, le plus beau fleuron de sa couronne.

J'arrivai enfin à Milan que je désirais voir depuis si long-temps, à cause de son dôme de marbre ; je l'aperçus le soir, en passant, par un faible clair de lune, et il me sembla être un de ces palais fantastiques que notre imagination nous dessine quelquefois dans nos songes. Quand je le revis éclairé par le soleil, mon admiration fut moins grande, et je ne pus retenir quelques paroles de colère contre les misérables architectes qui édifièrent sa belle façade sous la puissance de Napoléon. La base seule était commencée, et le mauvais goût italien du XVIIIe siècle venait d'enter sur cette architecture allemande un pastiche de l'art grec. Il y avait à jeter à terre les portes surmontées d'attiques et quelque autre misère de mauvais goût ; on s'est bien donné de garde d'y toucher : et sur cette base on a entassé une montagne de marbre blanc taillé en innombrables aiguilles gothiques, balustrades et statues ; ce qui n'est rien moins qu'inharmonieux. Mais que l'intérieur est grandiose! comme ces hauts arceaux à demi éclairés et ces voûtes sonores sont bien l'architecture qui convient au catholicisme ! Ensuite c'est un luxe inoui de bas-reliefs, de statues, de tableaux, d'orfévrerie et de mausolées. Celui de Jacques Médici, attribué par les *itinérateurs* à Michel-Ange, est de Léo Arétin, et n'en est pas moins beau pour cela.

J'allai visiter la flèche et les terrasses du dôme. Quand on court sur ces terrasses ornées de milliers de statues, on est émerveillé de tant de travail. C'est vraiment prodigieux! Lorsque j'étais à Milan, on remplaçait beaucoup d'anciennes aiguilles ornées de statuettes, et, je dois le dire pour l'honneur des Milanais, les nouveaux travaux sont de beaucoup supérieurs aux anciens. De la première balustrade de la flèche, la vue qu'on découvre est enchanteresse. La vaste plaine du Milanais est splendide, et, à des intervalles assez rapprochés, on admire de magnifiques villas ombragées par de hauts platanes et des marronniers, des villes et des villages; et, à l'horizon, l'angle de jonction des Alpes et des Apennins.

Je visitai toutes les églises, généralement assez pauvres en peintures; quelques unes ont de belles coupoles du Bramante: mais c'est la seule chose qui puisse les faire remarquer; car presque toutes elles appartiennent à la décadence de l'art architectural. Dans le cloître de *Sainte-Marie-des-Graces* est la fresque fameuse de la *Cène* du Vinci: c'est avec une douloureuse impression que j'admirai ce chef-d'œuvre du grand Léonard! elle est toute dégradée. L'humidité, la barbarie et l'incurie des hommes l'ont ruinée, et, avant dix années peut-être, on n'aura plus d'autre souvenir de cette merveille que la gravure de Raphaël Morghen !

Le palais de Brera (la galerie publique qui ne l'est jamais) est un des plus célèbres musées de l'Europe : il est plein de merveilles ; et là, comme par toute l'Italie, l'agencement est de nature à satisfaire grandement les visiteurs : ainsi, dès qu'un tableau est placé sous un jour favorable, on n'y touche plus, et au dessous on met une inscription qui porte le nom de l'école, celui du maître et le sujet du tableau. C'est le meilleur moyen de donner au peuple une instruction artistique, et d'épargner les ennuis de l'indicateur. Chez nous, on déplace chaque année les chefs-d'œuvre de nos galeries, et l'on dirait, et je le crois, que cela est fait avec l'intention mesquine et misérable de réimprimer un livret qui rapporte 200,000 fr. à la liste civile ! C'est grand comme la politique de ces messieurs !

Entre autres merveilles que j'ai vues à Brera se trouve le *Mariage de la Vierge* par Raphaël, un bijou de sa première manière. Il est impossible de rien voir de plus naïf et de plus admirable ; en face on a placé l'*Agar* du Guerchin, une des plus belles pages du grand maître. — Et c'est une Vierge du Corrège, la *Samaritaine* du Dominiquin, l'*Adultère* d'A. Carrache ; puis des Vinci, des Véronèse, et des fresques superbes fort rares ailleurs d'un peintre peu connu, Bernardin Luino.

Milan est une très grande ville qui n'a pas, à l'intérieur, un aspect bien séduisant ; cependant il y a quelques belles rues bordées de palais somptueux : mais il y a ce je ne sais quoi d'élégance et de propreté qui lui manque ; puis Milan est triste, et les habitans n'ont pas de sourires !... Des canons chargés à mitraille, et servis par des Allemands, sont braqués sur leurs places publiques : c'est un état de siége permanent ; et l'ignoble police autrichienne est là toute puissante avec son hideux cortége ! — On m'a forcé de rester quand je voulais partir, et pour d'autres c'est *vice versâ ;* puis le dernier jour, après cinq heures d'attente, là, dans les bureaux, on me donna mon passeport à l'instant de la fermeture; il était visé depuis le matin! — Voilà comme les Autrichiens croient se venger de Wagram et d'Austerlitz ! ! !

J'étais curieux de voir le théâtre de la *Scala*, si fameux par sa réputation de grandeur. — Il n'est pas au dessous d'elle. Les grands théâtres de l'Italie diffèrent complètement des nôtres, et assurément ils n'en sont pas pires. Celui de Milan a sept rangs de loges; les galeries et le balcon sont inconnus. Quant au chant des acteurs, il n'en faut pas parler : nous avons ruiné l'Italie! J'assistai à un ballet qui faisait fureur; c'était *Marco Visconti*. Je n'ai jamais rien vu d'aussi ridiculement joué : les acteurs ne procèdent que par bonds, par sauts et par saccades; c'est d'un grotesque absurde. Au reste, c'est de même partout; j'ai vu un autre ballet à Venise, *Henri IV à Montereau*, joué aussi mal, et les acteurs avaient pour costumes des uniformes d'officiers anglais de 1814. Je fus témoin d'une petite scène qui me fit juger du *bonheur* dont jouissent les Milanais. Le vice-roi parut dans sa loge au moment du ballet : les officiers autrichiens qui encombraient l'orchestre battirent des mains pour donner l'exemple ; mais toute la salle demeura immobile, et l'on se borna à de sourdes rumeurs qui semblèrent peu aimables au vice-roi ; car sa longue physionomie s'allongea encore, et nul ne le vit sourire.

J'allai visiter l'*Arc de la Paix*, commencé par Napoléon, qui m'a paru d'un beau style grec, et je quittai Milan avec joie pour me rendre à Pavie, et traverser ces champs fleuris où notre chevaleresque François Ier tomba, — aussi grand dans sa chute que le vainqueur à l'heure de son triomphe !

C'est à quelques milles du champ de bataille qu'est située la Chartreuse, magnifique monument commencé en 1396, par Jean Galéas Visconti, et dont l'édification dura près de deux siècles. Tous les arts se sont réunis là pour en faire une merveille ; et je ne sache rien de plus splendide. Pavie, au contraire, Pavie, l'ancienne capitale des rois Lombards, n'a plus que des ruines de tours gothiques et son université qui décroît aussi chaque jour. Nous passâmes le Tesin sur un méchant pont, puis le Gravellonne et le Pô, et après une longue course à travers les belles plaines du Piémont, nous arrivâmes à Voghera, l'antique Iria des Liguriens. Le voyageur curieux n'y a que faire; je ne peux que l'indiquer aux gourmets qui aiment les truffes blanches et la bonne chère.

Le jour suivant j'allai à Novi, petite et sale ville mal bâtie, à demi ruinée, triste, et qui n'est célèbre que par une grande bataille où Joubert fut tué; les stigmates des boulets et des balles n'ont pas été effacés. Non loin de là, derrière cette chaîne de collines, est le champ de bataille Marengo!

Je traversai des gorges de montagnes très sauvages mais de l'aspect le plus poétique; et le soir du troisième jour, après avoir franchi le grand torrent, je revis avec bien du bonheur cette Gênes superbe, ou j'étais passé l'année précédente. Elle était fortement agitée : il y avait de sourdes rumeurs à propos d'une conspiration; on disait même que Charles-Albert avait failli être tué, en venant de Turin à Gênes, qu'il déteste; mais les Génois, qui sont des hommes braves, ne craignent pas de lui faire sentir qu'ils le lui rendent bien. — Aussi leur joie était-elle grande. Il n'arriva cependant rien de fâcheux; tout redevenait tranquille, et j'en fus quitte pour payer un domestique de place malgré moi, que payait aussi la police, et le patron de l'hôtel, et les marchands où j'allais acheter quelques fantaisies. C'est un métier fort lucratif et fort habilement exploité, à la satisfaction grande de l'Autriche et du Piémont. C'est honteux, c'est ignoble! mais c'est comme cela.

Je dis adieu à la reine de la mer de Ligurie, la superbe cité de marbre, et je pris la route de la *Corniche* pour me rendre à Nice. Il y a trois journées de chemin, à travers le pays le plus grandiose et le plus poétique de la terre. Toujours le front des montagnes, les vallées profondes, le passage des torrens et des fleuves, les collines couvertes de cédrats et d'orangers, et des villages et des bourgades, et de blanches cités et la mer! C'est d'une splendeur inouie! Mais l'hiver cette route est dangereuse. On craint tellement tout ce qui vient de la France que le roi de Piémont la laisse telle que Napoléon l'avait tracée, et quelquefois un cheval, en s'abattant, peut faire rouler une voiture d'une hauteur de deux mille pieds! Ensuite, il y a la terrible douane du grand prince de Monaco qui fait la guerre à l'intelligence, aux passeports et aux souliers neufs; et l'on arrive à Nice, la ville toute française, par l'aspect, la nature de sa position, les mœurs, le langage et les désirs de ses habitans. Puis on quitte avec regret ce joli bassin parfumé, et l'on traverse le pont du Var pour être reçu à bras ouverts et avec beaucoup d'empressement.... par les douaniers français qui sont assurément bien plus polis, plus honnêtes et moins tourmenteurs que toute la race ignoble préposée aux *Dogana* de l'Italie !

—

La France.

—

D'aucuns ont écrit que l'amour de la patrie n'existe pas, mais vraiment je crois qu'on peut dire à ces écrivains qu'ils n'ont jamais quitté la province dans laquelle ils ont vu le jour.—Après de longs voyages, semés de désappointemens amers et de nombreux périls, quand on a reçu cent avanies de la police de vingt royaumes qu'on a parcourus, quand on a bu l'eau saumâtre des marécages et mangé le pain noir ou la polenta des rudes montagnards, quand on a vécu une année au milieu de peuplades barbares et qu'on a entendu dix dialectes différens, c'est avec amour qu'on retrouve la patrie! — N'en déplaise aux paradoxologues, mais c'est mon sentiment.

Oh! ma joie fut bien vive quand j'entrai dans Antibes, quand je vis cette anse du golfe Juan, où Napoléon prit terre sous les grands oliviers, alors qu'il revenait de l'exil de l'île d'Elbe pour aller tomber encore tout sanglant à Waterloo! Il y avait bien là un triste souvenir, mais j'étais sur la terre de France, il n'y avait plus de vexations à craindre, et j'allais revoir tous ceux qui m'étaient chers! — L'amour de la patrie existe assurément.

Je visitai Cannes, Fréjus et ses ruines d'aqueducs, et son amphithéâtre; Draguignan dont on démolissait les murailles, et les curieuses et pittoresques montagnes de l'Esterel; Aix, la vieille ville du bon roi René, auquel on a élevé une statue de marbre sur la place publique; puis Marseille, Toulon, Hyères et ses îles, et je revins par le triste et ennuyeux canal de la Camargue à Arles, la cité des Césars.

Un volume suffirait à peine pour écrire l'histoire de cette ville célèbre, située dans une immense plaine entre la Crau et la Camargue. Dans l'origine, ce fut le siège de la colonie formée par Jules César, avec tout le territoire qu'il avait conquis sur les Marseillais. Pendant deux ou trois siècles, elle atteignit à un tel degré de splendeur et de puissance qu'elle fut considérée comme la première ville des Gaules. Constantin en fit sa capitale et l'enrichit d'un grand nombre d'édifices, mais déjà l'art dégénérait et les traces qu'on retrouve de ce règne sont peu satisfaisantes.

Après six siècles de possession, les Romains durent la céder aux Goths, qui la perdirent contre les Mérovingiens. Puis elle eut pour maîtres une suite d'archevêques, s'érigea en république sous la protection de l'empereur d'Allemagne, et devint enfin l'apanage du fameux Charles d'Anjou.

Arles n'a plus de sa splendeur passée qu'un vaste amphithéâtre à peine déblayé, surmonté de tours romanes bâties au moyen-âge dans les guerres des Sarrasins, et les ruines de son théâtre, avec deux admirables colonnes de l'avant-scène en brèche africaine, restées debout après vingt siècles! — Les fragmens de sculptures qu'on retrouve au musée, dans les murs de la ville, partout, prouvent que ce théâtre fut un des plus somptueux du monde. Sur la place royale on remarque un obélisque en granit de l'Esterel, retrouvé dans le Rhône, rajusté par suite de mutilations et supporté par quatre lions modernes du plus mauvais goût. En face, on aperçoit le beau portail roman de Saint-Trophime, le plus orné que j'aie vu dans ce style: l'église n'a rien de curieux, mais derrière se trouve le charmant cloître mi-roman, mi-gothique, que l'on peut placer après le Campo-Santo de Pise et celui de Montréal en Sicile, le premier de tous.

Je retrouvai encore quelques autres souvenirs célèbres. La Nécropolis (les Eliscamps, par corruption les Aliscamps) dévastée par les flatteurs des princes et par les villageois qui font abreuver leurs pourceaux dans les mausolées des grands hommes! — De charmantes chapelles dévastées par les Sarrasins, les ruines du Forum, la tour de Constantin, et à une lieue vers le nord la magnifique abbaye de Mont-Majour.

L'histoire de tous ces grands monumens a été écrite avec beaucoup de science et de talent par M. Louis Jacquemin, qu'il a trop modestement intitulée : *Guide du voyageur dans Arles*; c'est un devoir que d'indiquer ce livre si plein d'érudition, parce qu'il retrace avec bonheur l'aspect artistique des époques romaine et gothique. Mais je me chargerai volontiers des omissions de ce livre; je parlerai de la race féminine que M. Jacquemin a oubliée en citadin peu national. Jamais, dans mes longues courses, je n'ai vu tant de visages délicieux, comparativement avec une population aussi restreinte; leur carnation est d'un blanc si mat et si pur, si légèrement rosée; leur taille est si svelte et les contours de leur visage sont d'un gracieux si infini, qu'on ne leur trouverait guère de rivales qu'à Messine, à Lentini, ou dans l'Archipel à Ipsara. On dirait que la race Sarrasine s'est mêlée dans les temps antiques avec la race Franke, et que de cette union est née cette population merveilleuse.

Puis elles ont pour elles un si ravissant costume! Ce mince bonnet de mousseline, caché à demi sous le large bandeau de velours encadrant leur front avec une grosse boucle de cheveux noirs; ce corsage, aussi de velours, parfois rehaussé d'or, découpé voluptueusement, et tranchant sur une courte jupe grise, si courte qu'elle laisse voir les jambes les mieux faites et les plus jolis petits pieds de France — où il y en a de si jolis! — Et tout cela plein d'une langueur presque mutine et d'une désinvolture annonçant les passions d'un climat brûlant !

Je voulais revoir Aigues-Mortes, la curieuse cité du désert. J'allai à Tarascon, petite et vieille ville située sur la rive gauche du Rhône, remarquable par un château-fort d'un très-beau style qu'habita le roi René, par sa position riante, au milieu d'avenues de populus alba, et son église romane du XIe siècle, dont le portail est du cintre le plus pur qu'il y ait en France. Cette église, dont sainte Marthe est la patronne, a des souterrains ornés de tombeaux curieux. L'un d'eux m'a paru remonter aux premiers temps du christianisme dans la Gaule ; l'autre est de 1456, et renferme les restes d'un certain JOANNES MELCHIOR, *comes et cives ;* singulière inscription pour l'époque. En voyant l'armure et la lance de ce *comte-citoyen*, puis la date de sa mort, je repensai à ce tournoi célèbre donné par le roi René, dont la bibliothèque royale possède l'histoire manuscrite précieusement enluminée, et ce Melchior avait peut-être été un des *tenans ;* et qui sait si sa dame ne fut pas proclamée ROYLNE DES AMOVRS ET DE LA BEAULTÉ?

Je traversai le Rhône sur un pont magnifique hardiment suspendu sur le fleuve dont les eaux ondulent et mugissent comme les vagues de l'Océan, et je consacrai quelques heures à visiter Beaucaire, qui est dominé par les ruines d'un château-fort du XIVe siècle. Les rues de la vieille ville sont assez droites, et presque toutes forment des voûtes à plein cintre, de dix en vingt pas, hérissées de machicoulis redoutables; — système de défense que je n'ai retrouvé nulle part. La ville, en général, est du XIIIe siècle et de la *renaissance italienne*. Elle possède deux églises : une du règne de Louis XV, qui est pitoyable; et l'autre d'un style gothique de toutes les époques. Un beau canal longe le quai de la foire et tombe dans la Méditerranée. Je m'embarquai sur ce canal dans un mauvais bateau de poste qui me fit faire environ trente milles à travers un marais effrayant; et le soir, au coucher du soleil, j'arrivai à Aigues-

Mortes, *la silencieuse*, la majestueuse reine du désert !

L'aspect d'Aigues-Mortes, vue au dehors, est sévère et pleine de tristesse. Le cœur se serre, on ne sait pourquoi, en face de ces murs si hauts et si bien conservés, de ces belles tours que le soleil dore depuis sept siècles. J'avoue qu'il me serait difficile de décrire l'impression que j'éprouvai le soir, au clair de lune, en contemplant cette ville si morne, bâtie au milieu d'un désert, et n'ayant ni abri, ni hameau, ni forêt...

Aigues-Mortes est éloignée de la mer d'environ trois milles, et cet espace est un marais immense, où l'on découvre de grandes dunes de sable, deux ou trois cabanes de roseaux; et à l'est, vers les salines de Peccais, d'innombrables troupes de bœufs et de chevaux camargues. Au sud de la ville, se trouve une flaque d'eau considérable qui couvre à peine le sable; quelques joncs et des plantes marines y croissent, et le pied de l'homme foule rarement cette plage déserte. C'était, au temps de saint Louis, le port fameux qui vit partir la nombreuse armée des croisés. Ce bassin communiquait à la mer par un canal appelé le *grau Louis*[1], qui s'allait jeter dans le grau du Roi, existant encore aujourd'hui. *Les murs d'Aigues-Mortes n'ont donc jamais été battus par la mer*, malgré les assertions de Voltaire et de Vély; car, depuis le dernier cataclisme, il est assez prouvé que la Méditerranée n'a pas rétréci ses rivages. C'est une erreur trop accréditée qu'il faut détruire et rejeter tout simplement sur les atterrissemens du Rhône et les masses de sable que le Vidourle, ce roi des torrens, charrie pendant l'hiver, et qu'il laisse sur sa route avec une trop grande libéralité.

Aigues-Mortes doit son nom aux eaux stagnantes qui l'environnent. Dans l'origine, c'étaient quelques misérables cabanes de pêcheurs, dépendant de l'abbaye de *Psalmodi*, dont on voit encore les ruines à deux milles de là, et

[1] *Grau* signifie passage.

que saint Louis acheta de ces moines, ayant l'intention de l'entourer de remparts d'après le système militaire de Damiette dans la basse Égypte. Mais la mort vint trop vite pour ce bon prince, et, de son époque, il ne reste que le rez-de-chaussée d'une maison et la *tour de Constance*, d'une ogive très-belle et très-pure, surmontée d'un phare qui a la forme du turban sarrasin du XIIe siècle. C'est cette tour de Constance que le vénérable M. Jouy, dans un de ses *Ermites en province*, attribue bravement à Constance Chlore, oubliant que l'ogive ne fut employée en France que dans les XIe et XIIe siècles.

Les tours et les remparts furent élevés par Philippe-le-Hardi pour accomplir le vœu de Louis IX mourant, et alors cet appareil formidable de défense devint souvent un sujet de guerres. Les Bourguignons s'en emparèrent par trahison; mais le sénéchal de Beaucaire vint bientôt les assiéger avec les troupes royales, et, aidé par quelques bourgeois lassés d'un joug étranger, qui lui ouvrirent une des portes, il surprit la garnison endormie et massacra tout sans pitié. On dit qu'ils furent enterrés sous des monceaux de sel, dans une des tours de la ville qui porte encore leur nom aujourd'hui. François Ier et Charles-Quint eurent une entrevue à Aigues-Mortes après la paix de Nice, en 1538. La maison qui vit s'embrasser les deux grands rivaux existe encore; elle a une vaste et curieuse cheminée de la renaissance de l'art : mais cette maison n'est nullement bâtie par saint Louis, ainsi que voulut me le persuader l'orgueil de céans; elle m'a semblé d'un bon siècle ultérieure à Philippe-le-Hardi.

Là, j'eus la jouissance d'un phénomène que bien d'autres sont allés chercher en Égypte. Quelques jeunes gens, jaloux de me faire connaître toutes les beautés de leur sol, vinrent me chercher, et nous nous acheminâmes, à cheval, vers le désert, laissant assez loin derrière nous la ville avec ses belles tours crénelées, et çà et là quelques peupliers rabougris, près desquels s'épanouissaient des pins-parasol. Tout à coup je me retournai, je poussai un cri de surprise et d'admiration : car cette immense plaine de sable sur laquelle j'avais fait galoper mon cheval s'était transformée en un beau lac où se miraient et la ville, et les herbes, et les arbres ; ce qui ressemblait à une île enchantée : — c'était l'éblouissant mirage, cette merveille qui ranima quelquefois un instant le courage des grenadiers de l'armée d'Égypte, pour les plonger ensuite dans un cruel désespoir. Le savant Monge en a expliqué les causes longuement et avec une grande clarté, ce qui m'oblige à garder le silence.

Je dis adieu à la ville du désert et à ses habitans hospitaliers, et je me rendis à Nîmes en passant par les ruines de l'abbaye de Psalmodi. Partout c'est une affreuse solitude : dans ce pays les campagnes sont tristes, les villageois sont pauvres. Cependant si l'on chemine vers le sud, dans la direction de Cette, et au couchant, vers Lunel et les Cévennes, la campagne est d'une grande fertilité, et le paysage devient magnifique. Depuis long-temps je connaissais Nîmes et ce fut avec un sentiment de bonheur que je revis pour la troisième fois la Rome des Gaules.

Le premier monument que j'aperçus fut le Cirque si beau encore, si entier malgré tant de ravages que lui ont fait subir les hommes et le temps. Au VIIIe siècle, Nîmes se déclara pour les Sarrasins dans la guerre d'extermination qu'ils soutenaient contre Charles Martel. L'illustre maire du palais, après avoir vaincu les Maures, assiégea Nîmes, l'emporta d'assaut, et voulut détruire par le feu le monument qui faisait sa gloire. Mais cette vengeance barbare ne réussit qu'à demi, et le Cirque y gagna sous le point de vue artistique; car le feu lui a donné une teinte chaude et une couleur superbe qu'on ne retrouve point ailleurs. Il est du plus bel ordre toscan.

Quand je m'arrêtai devant la *Maison carrée*, devant ce *chef-d'œuvre* de l'art monumental si charmant, si admirable de légèreté; quand j'eus vu les détails de ses frises si délicatement sculptées, ses minces colonnes cannelées (trop minces, disent les puritains grecs), je ne pus retenir une boutade de mauvaise humeur contre nos maladroits architectes qui ont la fureur d'encombrer nos places et nos jardins de pastiches lourds et du plus mauvais goût. Puisque le génie créateur leur fait défaut, me disais-je, pourquoi ne viennent-ils pas à Nîmes copier la Maison carrée? Ils pourraient l'*accommoder* à tous leurs genres, et les choses n'en iraient pas plus mal. Nîmes, en ville artiste, en a fait son musée, petite galerie en miniature qui possède de belles statuettes en bronze, de rares antiquités et des tableaux précieux. — Parmi les peintures modernes, j'ai remarqué le Cromwel de M. Delaroche, que j'aimerais mieux voir au Luxembourg, où sa place était marquée.

En sortant du musée, je me dirigeai par un boulevart délicieux planté de grands platanes et de tilleuls, couvrant de leur épais feuillage les bassins qui fournissent avec avarice de l'eau à Nîmes. Ce quartier est fort agréable, et bientôt j'arrivai au jardin public tracé en amphithéâtre au pied de la *Tour Magne*, et renfermant les bains si justement admirés. A côté je vis ces ruines d'une légèreté si exquise, qu'on dit à tort avoir été un temple consacré à Diane : il est facile de voir que c'était tout simplement le grand portique des bains.

La vieille ville est sale, les rues sont tortueuses et mal bâties ; tout annonce la misère : choses et race. — Et quelques portiques de la renaissance italienne, très ornés et très élégans, forment au milieu de tout cela un singulier contraste. Les églises sont rares à Nîmes, ainsi qu'on peut le penser, et la cathédrale est un édifice moins beau que curieux. La base est romane ; une partie de la tour fut bâtie dans le style saxon, et le reste est sarrasin et gothique. Plus loin, je visitai la *Porte d'Auguste*, quelques autres antiquités, et je partis de Nîmes, plus enchanté de ses monumens que de sa population remuante, terrible, grossière, et de la misère que les Bohémiens étalent quand ils abandonnent les arches des vieux ponts ou les anfractuosités des Cévennes.

Je consignerai ici encore une remarque, à propos des monumens antiques. Aux Arènes de Nîmes, au cloître de Saint-Trophime d'Arles, à Aix, à Avignon, une foule de figuiers croissent dans les interstices des pierres: chaque jour les racines s'alongent, pénètrent partout, l'arbre grossit, disjoint peu à peu la solidité du ciment, et au bout de quelques années un pan de muraille s'écartèle et tombe, grace à l'incurie des hommes chargés du soin de les préserver. Ainsi le couronnement, à l'est du cirque de Nîmes, menace ruine, et le joli cloître d'Arles est tout lézardé par la même cause. Si j'avais eu quelque pouvoir, j'avoue que je les aurais fait arracher immédiatement, quoique certains inspecteurs quasi-officiels trouvent que *c'est joli*, que *cela fait bien*. La France, dieu merci, est encore assez grande pour qu'on puisse l'embellir de jardins de plain-pied, sans qu'il faille recourir pour chaque monument au luxe que Sémiramis étalait à Babylone!

Toutes les plaines de ces parages sont tristes; on n'y voit que des coignassiers, des mûriers dépouillés de leurs feuilles, et des forêts d'oliviers au feuillage grêle et d'un blanc sale et mat. La vue du rachitique olivier me fait peine; il me semble étiolé comme un jeune fille poitrinaire.

J'allai voir le pont du Gard, cette merveilleuse ruine du peuple civilisateur, et je repris la route de Remoulins, une route désolée, traversant de vastes plaines blanches où l'on voyait quelques champs de luzernes, de mauvais blés et de petits clos de vignes. Je ne revis de grands arbres qu'en approchant des rives du Rhône rapide, à quelque distance d'Avignon, la vieille courtisane de la papauté.

Je fus à peine arrivé sous les remparts de cette ville, que l'assassinat de l'infortuné maréchal Brune me parut une chose toute naturelle. Aujourd'hui, en 1836, il en serait de même encore, et un capitaine faillit avoir la même destinée sous mes yeux. La corporation des portefaix qui assassinèrent le maréchal est là, toute vivace, tout insolente, rançonnant cruellement les voyageurs après les avoir accablés d'injures; et l'autorité ne sévit pas, par lâcheté ou par incurie! J'écris ceci et j'y tiens beaucoup, parce que c'est honteux pour la France, et parce qu'il est du devoir du gouvernement d'arrêter ce révoltant arbitraire, et de ne pas laisser plus longtemps les étrangers et les nationaux à la merci d'une populace ignoble et assassine. L'année dernière, un capitaine arrivait de Lyon, comme moi, par le paquebot; il avait avec lui son domestique qui mit sur ses épaules le léger bagage de son maître; aussitôt cinq ou six portefaix se jetèrent sur le malheureux soldat, le maltraitèrent et hurlèrent que rien ne sortirait du bateau que par leurs mains. Le capitaine, après un débat violent, outré de colère, saisit son épée afin de les effrayer; mais il fut aussitôt circonscrit et désarmé par une douzaine de ces coquins, qui voulaient le jeter dans le Rhône selon leur habitude! — Il fallut qu'il cédât... Je ne sache pas qu'il y ait une contrée en Europe où tant d'abus soient tolérés. Si j'étais sous-préfet d'Avignon huit jours, j'aurais bientôt décimé les assassins de Brune, et les voyageurs s'y arrêteraient sans redouter d'odieuses vexations!

A cause du grand et douloureux souvenir de 1815, je voulus descendre à l'hôtel du *Palais Royal*, et je me fis montrer la chambre à jamais célèbre où fut tué le brave maréchal. Le mur porte le stigmate d'une balle, beaucoup élargi par les touristes anglais qui en emportent quelque poussière, ainsi que le faisaient à Blois les zélés catholiques, après la mort de Henri de Lorraine. Je n'ai pas couché dans cette chambre, vanité singulière dont se vantent tous les voyageurs; mais c'est une vanité en pure perte, car la jeune et belle hôtesse se l'est réservée.

J'allai voir le PALAIS DES PAPES, vaste bâtiment irrégulier du XIVe siècle, flanqué de hauts donjons, et terminé par une chapelle de la renaissance italienne qui possède au dessus de son portail, orné d'une fresque du Memmi, cette ravissante inscription moderne : *Monument antique et curieux*. L'intérieur mérite en effet d'être visité : la nef élégante a des piliers ornés d'une sorte de tribune sculptée sagement, et du meilleur goût. Il y a deux chapelles curieuses : l'une renferme le tombeau de Jean XXII, un bijou gothique, avec neuf grandes arêtes de la fin du XIVe siècle; l'autre est du commencement du XIIIe, et l'architecte y apporta une plus grande sévérité de formes. Après avoir examiné tout ce lourd mais imposant palais, j'achevai de gravir le rocher des Dons, et je pus jouir d'un magnifique panorama. Les horizons sont superbes : en face, c'est le mont Ventoux couvert de neige, et la chaîne Alpine toute bleue, qui embrasse une grande étendue de pays; au dessous, c'est la longue plaine rongée par le Rhône tout parsemé de nombreuses îles vertes, et traversé par le pont romain de Saint-Benezet, enseveli à demi sous les eaux, et surmonté au milieu d'une porte hérissée; puis au levant c'est la vieille ville avec ses nombreux clochers, et au sud, sur le revers de la montagne, les curieuses tours de Villeneuve-les-Avignon.

L'aspect d'Avignon est infiniment curieux; on rencontre à chaque instant des maisons chargées d'arabesques, des hôtels somptueux revêtus de sculptures, mais particulièrement ceux de Crillon et de Leude, ornés de mascarons Michelangesques. La tour du Beffroy est d'une architecture pleine d'originalité; mais les fresques tant vantées des salles de l'Hôtel-de-Ville sont pitoyables et hideuses. Avignon possède aussi un musée assez riche d'antiquités romaines, et j'y ai remarqué un gracieux tableau du gracieux Albane, un petit Caravage éblouissant de couleur, un Teniers, et le Mazeppa de M. Horace Vernet. — La bibliothèque m'a paru digne de faire l'ornement d'une ville studieuse.

Assurément cette ville n'a rien de français. L'aspect physique rappelle les beaux âges de l'histoire des Maures d'Espagne ou de Sicile, et son aspect moral appartient à l'Italie de Pétrone ou de la honteuse époque des Borgia ; perle au dehors, boue au dedans! — Ses rues sont sinueuses, étroites, et pavées avec les silex aigus dont les Gaulois faisaient leurs haches d'armes; à l'entour de l'évêché, près de l'asile des prêtres, chaque porte est ornée de blanches tentures de mousseline qui flottent au vent, derrière lesquelles se montrent des femmes presque nues, renouvelant les scandaleuses mœurs d'Alexandre VI! Cette réputation doit remonter haut pour la ville papale; car, lorsqu'elle échut par succession à Jeanne de Naples, vers le milieu du XIVe siècle, les manières des courtisanes étaient tellement effrénées, que cette reine, qui était loin d'être puritaine en matière et qui s'y connaissait, institua des coutumes sévères, et leur concéda de curieux statuts qu'on peut voir dans le recueil de Merlin.

La médisance n'est pas de mon ressort; mais j'ai pu me convaincre que les statuts de Jeanne étaient appliqués avec une trop grande dose d'égoïsme, et toutes les fières courtisanes n'ont pas d'insignes flottant au vent.

Un soir, après une journée resplendissante, je m'acheminai seul vers la porte du pont, et je considérai avec curiosité le beau système militaire des remparts. Tantôt, c'est une tour massive, couronnée de créneaux aplatis et larges, tandis qu'à vingt pas s'élève un donjon élancé, à tête évasée, et percé avec prodigalité de meurtrières formant la croix grecque ou l'épée à garde simple des premiers croisés; puis le machicoulis qui tout à l'heure était d'un plein-cintre lourd repose là sur de longues volutes cannelées en largeur, et se termine en ogive sévèrement coupée. Plus loin, c'est le roman pur avec la large meurtrière, et plus loin encore elle apparaît toujours double avec le machicoulis à trèfle sarrasin. C'est un assemblage confus de tous les ordres depuis l'époque Karlovingienne, et qui, à la première vue, semble n'en faire qu'un, tant la conservation est belle, la couleur chaude et riche, et l'œuvre entière si en harmonie avec le climat.

La nuit était venue, et je marchais toujours. La lune, franchissant la crête des montagnes, s'éleva dans les cieux, et bientôt elle vint jeter des masses d'ombre aux angles des tours et aux profils des murailles de la vieille cité. Je n'entendais plus les flots du Rhône, la route était déserte, la campagne déserte, les maisons hors rempart endormies ou sans lumière. Nul bruit au loin, nuls cris au dedans; une pleine liberté, une sécurité plus grande. Avignon, ses autorités, ses mariniers et ses portefaix étaient livrés au sommeil! Je marchai long-temps encore tout triste, mais non de cette haute tristesse qui faisait pleurer Marius sur les ruines de la poétique Minturnes, et je m'arrêtai enfin pour examiner une colonne, ou plutôt une antique pyramide élevée sur le bord de la voie. L'inscription était fruste; mais je jugeai par sa forme qu'elle était romaine, et sans doute elle fut consacrée à la mémoire de quelque guerrier célèbre, ou peut-être pour éterniser le souvenir d'une grande victoire.

Non loin de là j'aperçus un arc de triomphe beaucoup plus récent, et je repassai dans mon esprit toutes les phases de l'existence orageuse de cette ville, si calme à cette heure, avec des hommes animés par de si fougueuses passions. Avant la conquête romaine, Avignon était la capitale des fiers et célèbres Cavares, grandeur qu'elle perdit environ un siècle avant notre ère, pour devenir colonie du peuple-roi. Ptolémée en parle, Pline la cite comme une des plus belles villes latines de la Gaule, et le géographe Pomponius Méla lui donne le titre de troisième ville de la *Narbonnaise*. Les Romains, en l'accablant ainsi d'orgueil, voulaient sans doute lui faire oublier son antique indépendance, tant le manteau de pourpre voile toutes les hontes !

Puis vint le tour des Goths et des Ostrogoths qui successivement la possédèrent; et, au temps de la guerre des patrices, sous Mummole je crois, elle fut prise par les Bourguignons, et, vingt ans après, ce fut un des plus beaux apanages de la couronne d'Austrasie. Clovis l'assiégea long-temps infructueusement, et la Provence avait lieu de s'enorgueillir d'un tel rempart. Plus tard, dans les premières années du VIIIe siècle, un certain duc Mauronte, autre comte Julien, la livra aux Sarrasins qui ne tardèrent pas à en être chassés par Charles Martel. Les Karlovingiens la comprirent dans le royaume d'Arles; puis, devenue capitale du beau marquisat de Provence, les comtes de Barcelone et de Toulouse, sans cesse en contestations, voulurent se partager ses dépouilles; mais les suzerains féodaux étaient de trop minces personnages militaires pour recueillir par la force un pareil héritage, et la vieille cité, retrouvant encore et le sang et l'énergie des Cavares, se déclara immédiatement république impériale, et commença d'essuyer des guerres terribles pour maintenir sa liberté.

La Saint-Barthelémy du XIIIe siècle, la croisade infame et assassine contre les infortunés

Albigeois, était à son apogée de cruauté. Simon de Montfort, dont la postérité a fait justice, mais une justice tardive, Simon, soutenu et excité par le pape et par plusieurs rois *très-chrétiens*, se vautrait chaque jour dans le sang! Il était beau et noble alors de soutenir la cause des opprimés, d'embrasser leurs doctrines sans craindre ni le fer ni la flamme; Avignon le fit! — Et c'est un grand titre de gloire et d'orgueil justement acquis; car il fut écrit sur des ruines avec le sang des plus courageux citoyens!. Louis VIII, sollicité fortement par Montfort, vint, en 1226, l'assiéger avec une armée considérable, et cette ville lui fit souvenir combien elle avait été meurtrière et fatale aux Romains quand ils étaient venus pour la charger de fers. Le roi de France y perdit vingt-cinq mille hommes, et ne put l'emporter d'assaut que le quatrième mois; mais sa vengeance fut terrible: il *obligea* les Avignonnais à détruire eux-mêmes leurs palais, leurs donjons et leurs remparts; il les frappa de subsides énormes; et quand ils furent incapables de se servir d'un glaive, quand ils ressemblèrent au lion devenu vieux, il leur permit de rester républicains ! — Dérision amère que firent bientôt cesser les anciens comtes en la reprenant et la soumettant aux lois sévères de la féodalité.

Le XIVe siècle devait la faire renaître de ses misères et nous la montrer telle qu'elle est aujourd'hui. Echue à Jeanne de Naples, comtesse de Provence, ainsi que je l'ai précédemment écrit, cette reine la vendit au pape Clément VI, moyennant 80,000 florins d'or que le pontife ne sortit jamais de ses coffres. Pour la première fois peut-être un fief de femme se perdit et ne fut jamais payé. Il est vrai de dire qu'il s'agissait du pape. Convenons que nos lois qu'on accuse souvent valent mieux encore que celles des vieux âges.

Les papes, en séjournant à Avignon, l'embellirent, couvrirent son sol d'églises, de monastères et de châteaux. Ils y attirèrent de grands artistes, de grands poètes, et la possédèrent de fait jusqu'en 1791, malgré les confiscations successives de Louis XIV et de Louis XV, pour venger leurs ambassadeurs insultés à Rome.

En songeant à toutes ces choses si curieuses comme histoire, et en longeant les murs de cette ville toute silencieuse, je me rappelai la page si poétique de Volney sur la décadence des empires. Quelle chute ! me disais-je. Maintenant la ville guerrière, guerrière encore sous ces murs, est confondue avec deux cents autres villes ; et là, là où ne se trouvaient que des bras forts pour manier une épée, ne se trouvent plus que des mains de femmes pour tisser la soie ou le velours, et une populace féroce, bâtarde de l'Italie dégénérée, qui ne sait que frapper lâchement, et qui oublie qu'elle devrait soutenir le nom sans tache de l'ancienne population des Cavares, qui versa cent fois son sang pour repousser les invasions étrangères ou défendre la noble cause des opprimés !

J'étais trop près de la fontaine de Vaucluse pour ne pas aller visiter cette retraite si admirablement immortalisée par un de mes poètes favoris. J'arrivai sur les bords du torrent après une course de trois heures, et là je pus apprécier mieux le caractère de Pétrarque que j'avais jusqu'alors accusé d'exagération dans ce beau sonnet :

> Solo, e pensoso i più deserti campi
> Vò misurando a passi tardi, e lenti
> E gli occhi porto per fuggire intenti
> Ove vestigio human la rena stampi.

On est dans une gorge profonde, surplombée par d'énormes rochers à pic, d'une couleur argileuse dans leurs déchirures et gris de perle sur leurs crêtes. Nulle trace de végétation. C'est à peine si l'œil s'arrête sur un mince buisson de cyprès ou les tiges rampantes de la ronce. A droite, on découvre au sommet d'un monticule les murs à demi écroulés de l'ancien château des seigneurs de Vaucluse, faussement concédé à Pétrarque par les indigènes. Puis la gorge se resserre de plus en plus, l'eau mugit et roule avec plus de vitesse, le bruissement redouble, et l'on arrive sous le rocher où se trouve un petit bassin d'eau limpide et verte comme l'océan dans ses beaux jours. La surface est unie et semble un lac que nul souffle n'effleure : rien ne fait présumer que les eaux jaillissent de la caverne ; et si vous suivez de l'œil, à trente pas à peine, une masse considérable se jette, se précipite sur de grands rochers noirs qu'elle ensevelit sous ses ondes d'écume, qui, repoussées avec force, tourmentées, brisées, se replient sur elles-mêmes, se relèvent en flocons de neige, en pluie étincelante, en stalactites, en gerbes de cristal, et, faisant entendre de sourds gémissemens, éternellement répétés par l'écho qui vient les briser sur le lac, et qui semblent sortir des entrailles de la montagne, elle s'élance toute furieuse sur un lit profond de pierres roulées, empruntant au ciel les plus belles couleurs, le noir brillant, le vert pâle et l'azur !...

Si le gouvernement voulait allouer cinq cents francs à la petite commune, et qu'un homme de goût voulût bien se charger de les dépenser avec fruit, on ferait de ce lieu de pèlerinage un séjour enchanteur. La base inclinée des rochers possède assez de terre végétale pour recevoir des fleurs, des saules et des platanes sur les rives du torrent, et des cyprès, des sapins ou des cèdres dans les anfractuosités des rocs. Le contraste serait plus grand encore avec les bords du lac sur lequel un rayon du soleil n'a jamais glissé; avec ce beau climat de la Provence on aurait une verdure perpétuelle, et l'ombre du tendre poète, si désireuse de fraîcheur et de parfums, pourrait venir parfois errer et soupirer sous des roses....

De Vaucluse je vins à l'Isle, petite ville située au milieu d'un pays riant, et entourée d'eaux limpides et de grandes allées de magnifiques platanes. L'église mérite d'être visitée avec attention, car c'est la seule peut-être en France qui peut donner une juste idée de la coquetterie et de la somptuosité des églises d'Italie.

En revenant vers Avignon, j'aperçus à quelque distance de la route une bourgade blanche comme une ville d'Orient, et je passai devant Thor, une vieille ville ceinte de murs et fortifiée, ainsi que la bourgade, d'après le système de défense de la ville papale. L'étymologie de Thor est inconnue dans le pays, et si j'avais la manie des antiquaires, je pourrais faire une dissertation bien longue pour prouver que cette ville fut bâtie par une colonie de Normands égarés dans la Provence, et je fonderais mon dire sur ce que les *hommes du nord*, NOPD-MAN, avaient dans leur trilogie mythique un dieu de ce nom, plus puissant que Wogan, le maître du feu.

En cheminant par là, je retrouvai pour la première fois cette belle culture, cet amour de la propriété qu'on ne voit qu'aux environs de Paris ou dans l'ouest de la France. Chaque maisonnette avait son enclos; la route était bordée de haies vives; l'œil se reposait sur de longues masses noires de cyprès sur lesquelles tranchaient merveilleusement les fleurs roses et blanches des poiriers et des pruniers.

Puis j'ai revu les rives poétiques du Rhône, les ruines de ses vieux châteaux crénelés, les villes célèbres qui ont soutenu tant de siéges dans les guerres civiles : — Livron, Valence, Montélimart, et Vienne avec ses nombreux restes d'édifices romains : — puis Lyon, la ville populacière, hideuse, sale et misérable ; Lyon que les *itinérateurs* français proclament riche et superbe ! Je m'embarquai sur la Saône dont les rives sont délicieuses, et je suis revenu à Paris que je proclame hautement la meilleure et la plus belle ville de l'Europe ; Paris, la ville des arts, du plaisir et de la liberté ! Puis je me suis décidé à publier cette relation de voyages, afin de me préparer à repartir pour visiter successivement Constantinople, l'Asie-Mineure, la Syrie, l'Egypte, l'empire de Maroc, l'Algérie et l'Andalousie.

FIN.

TABLE.

DU DEUXIÈME VOLUME.

—

www.ingramcontent.com/pod-product-compliance
Ingram Content Group UK Ltd.
Pitfield, Milton Keynes, MK11 3LW, UK
UKHW020304230726
13925UKWH00001B/219